Gerd Hankel

Ruanda 1994 bis heute

Vom Umgang mit einem Völkermord

D1735892

zuKlampen!

© 2019 zu Klampen Verlag · Röse 21 · 31832 Springe · zuklampen.de

Umschlaggestaltung: Hildendesign unter Verwendung einer Fotografie
von Gerd Hankel · München · hildendesign.de
Satz: Germano Wallmann · Gronau · geisterwort.de
Druck: CPI – Clausen & Bosse · Leck · cpi-books.de

ISBN 978-3-86674-590-2

Bibliografische Information der Deutschen Nationalbibliothek
Die Deutsche Nationalbibliothek verzeichnet diese Publikation
in der Deutschen Nationalbibliografie; detaillierte bibliografische Daten
sind im Internet über ‹http://dnb.dnb.de› abrufbar.

Gerd Hankel

Ruanda 1994 bis heute

Inhalt

1. Einleitung

Zwischen April und Juli 1994 fielen in Ruanda Hunderttausende Menschen einem Völkermord zum Opfer. Die Täter stammten aus der Bevölkerungsgruppe der Hutu, der mit über 85 Prozent Gesamtanteil mit Abstand größten in Ruanda. Die Opfer waren vor allem Tutsi, eine Bevölkerungsgruppe, der gut zwölf Prozent aller 7,5 Millionen Ruanderinnen und Ruander angehörten. Sie wurden umgebracht, weil sie Tutsi waren. Aber auch sehr viele Hutu fielen dem Morden zum Opfer, denn längst nicht alle Hutu waren mit dem Massenmord einverstanden. In den Augen der Täter störten sie die Durchführung des Mordplans und mussten daher in möglichst großer Zahl beseitigt werden.

Wer heute in die ruandische Hauptstadt Kigali kommt, mag kaum glauben, an einem Ort zu sein, der einmal das bedrückende Zentrum eines entvölkerten, zerstörten Landes war. Hochhäuser, Einkaufszentren, Hotels und, auf dem Weg vom Flughafen in das Stadtzentrum, ein imposantes Kongresszentrum machen aus der Millionenstadt Kigali nunmehr den Mittelpunkt eines Landes, das sich entschlossen der Zukunft zugewandt hat.

Die Vergangenheit ist gleichwohl nicht vergessen, wie sollte sie auch. Zahlreiche Gedenkstätten erinnern an den Völkermord, während der jährlichen Trauerwoche im April steht das öffentliche Leben still, eine ganze Reihe von Organisationen widmet sich dem Thema Versöhnung und nationale Einheit. Bei den Präsidentschaftswahlen 2017 hat der alte und neue Präsident Paul Kagame, der sich als Garant dieser Ziele versteht, fast 99 Prozent der Stimmen erhalten.

Es hat den Anschein, als habe sich Ruanda aus den dunklen Tiefen der Vergangenheit zu einem Leuchtturm politischer Stabilität und wachsender wirtschaftlicher Prosperität entwickelt, als herrsche ein innergesellschaftlicher Frieden. Aus einer Region, aus der es sonst nur Schlechtes zu berichten gibt, sind endlich gute Nachrichten zu vernehmen. Dass der Anschein trügen könnte, kommt einem nicht in den Sinn. Und doch ist es so. Die ruandische Erfolgsgeschichte hat Schattenseiten. Die Schatten sind so groß, dass sie unweigerlich die Frage nach dem Preis, der für den augenscheinlichen Erfolg zu bezahlen ist, aufwerfen. Dürfen Menschen zu bloßen Figuren auf dem Schachbrett eines Regimes gemacht werden, das rücksichtslos die Durchsetzung seiner Zukunftsvision betreibt? Kann das neue Ruanda auf einem Narrativ errichtet werden, das tabubehaftet ist und von der Bevölkerungsmehrheit nicht nur nicht akzeptiert, sondern zum Teil in ohnmächtiger Wut abgelehnt wird? Kurzum, wie viel Unrecht verträgt der Fortschritt?

Die Antworten, die ich auf diese Fragen geben werde, sowie meine Beschreibung und Analyse von Vorgeschichte, Verlauf und Folge des Völkermords gehen zurück auf mein Ruandabuch, das im Herbst 2016 erschienen ist (vgl. die Literaturangaben am Ende dieses Buchs). Die Quellen, aus denen ich zitiere sowie solche, die ich für die Aktualisierung herangezogen habe, sind gesondert aufgeführt. Zum Schutz einzelner Personen wurden deren Namen anonymisiert.

2. Was 1994 geschah

Es muss Mitte der 1980er Jahre gewesen sein, als ich zum ersten Mal mit dem kleinen Land Ruanda, mir bis dahin gänzlich unbekannt, in Kontakt kam. Zu dieser Zeit war ich Lehrer für Französisch und Spanisch in einem Schulzentrum in Nordrhein-Westfalen. Außerdem war ich in einem Programm tätig, das sich »Weiterbildung für Fach- und Führungskräfte aus der Dritten Welt« nannte und maßgeblich von der Deutschen Stiftung für Internationale Entwicklung (DSE) organisiert und betreut wurde. Meine Aufgabe war es, die Programmteilnehmerinnen und -teilnehmer aus Afrika, Asien und Lateinamerika, die in der Regel drei Jahre in Deutschland bleiben sollten, während ihrer zehnmonatigen Eingewöhnungsphase in das deutsche Leben und die deutsche Kultur zu betreuen. In der Schule, in der ich unterrichtete, erhielten sie Deutschunterricht, hörten Vorträge zur Landeskunde und nahmen an Exkursionen zu Orten teil, die als Ausweis deutscher – westdeutscher – Spitzenleistungen in Wissenschaft, Industrie und Handel galten. Nach den zehn Monaten gingen die Stipendiaten dann an ihre jeweiligen Weiterbildungsstätten.

Eines Tages – es war, wenn ich mich recht erinnere, im Frühjahr 1986 – erhielt ich einen Anruf von einem Mitarbeiter der DSE. Ich solle sofort zur Schule und den angrenzenden Wohngebäuden fahren (dort waren die Stipendiaten untergebracht) und zwei Kursteilnehmer auffordern, unverzüglich und unter meiner Aufsicht die Koffer zu packen. Ihr Fortbildungsprogramm sei beendet, da beide, wie eine medizinische Untersuchung ergeben habe, ernsthaft erkrankt seien und die wahrscheinlich langwierige

Behandlung dieser Krankheit mit dem engen Zeitplan der Fortbildung nicht vereinbar sei. Beide müssten innerhalb von 24 Stunden Deutschland verlassen, Flugtickets lägen am Flughafen bereit.

Ich fuhr zur Schule und begab mich zu den Zimmern der Stipendiaten. Ich kannte beide gut. Sie kamen aus Ruanda, waren Sportlehrer von Beruf und natürlich glücklich über die Perspektive eines längeren Aufenthalts in Deutschland, der auch noch mit ca. 1100 DM im Monat bezahlt wurde – ein Mehrfaches von dem, was ein Durchschnittsruander zu jener Zeit pro Jahr verdiente.

Jetzt mussten sie sich abreisefertig machen, abrupt konfrontiert mit den Entscheidungen einer deutschen Bürokratie, die sie nicht verstanden – und ich auch nicht. Auf ihre drängenden, verzweifelten Fragen, was denn das für eine Krankheit sei, an der sie angeblich litten, ob die Krankheit etwa lebensgefährlich sei und was sie ihren Familien in Ruanda sagen sollten, die so große Hoffnung in sie gesetzt hätten, wusste ich nichts zu antworten, bis auf die Wiederholung meines Auftrags, nun auf Französisch und so oft, bis sie resigniert schwiegen.

Wir fuhren zum Flughafen, die Flugtickets lagen am Schalter bereit, der Abschied vor der Sicherheitsschleuse war kurz, immer noch mögliche Komplikationen wurden, so redete ich mir später ein, durch meine große Beschämung verhindert.

Insgesamt fuhr ich fünf Mal mit Stipendiaten zum Flughafen. Nach dem zweiten oder dritten Mal war mir auch klar, um welche schwere Krankheit es sich handelte, nämlich um Aids, oder genauer, darum, dass die Stipendiaten HIV positiv waren und man in Deutschland nicht wusste, wie man mit diesem Virus umgehen sollte, ja noch nicht einmal verlässlich sagen konnte, wie er übertragen wird (was auf meine Beauftragung ein eigenartiges Licht warf). Ich weiß allerdings, dass bei den letzten zwei Malen ein Amtsarzt eingeschaltet wurde, der den Stipendiaten die Art ihrer Erkrankung eröffnete, ich musste dolmetschen, fahren und, auf dem Weg zum Flughafen und im dortigen Wartebereich, die ärztliche Erklärung wieder und wieder wiederholen. Und ich weiß auch, dass der letzte Stipendiat, dessen Aufenthalt in Deutschland schon nach ein paar Wochen beendet war, wieder ein Ruander war. Auf dem Flughafen bat er mich noch, ihm für seinen Arbeitgeber schriftlich zu bestätigen, dass der Abbruch seines Programms nichts mit überraschend festgestellten beruflichen Defiziten (ich glaube, er war auch Lehrer) oder mangelnder charakterlicher Eignung zu tun hatte. Ich kam seiner Bitte nach, gewiss in weiter Überschreitung meiner Kompetenzen. Als ich dann beim Schreiben der Bescheinigung nicht mehr wusste, ob man das französische »professionnel« (beruflich) mit einem oder zwei »n« schreibt, gab er mir sein Wörterbuch. Ich könne es auch behalten, er brauche es jetzt ja nicht mehr, meinte er noch.

Der Ruander, Elie Kamuhanda war sein Name, hat den Völkermord nicht überlebt. Ich erfuhr später, dass er, ein Tutsi, schon in den ersten Tagen des Völkermords in Kigali umgebracht worden war, einer von vielen Tausend, die allein in der Hauptstadt Opfer des kollektiven Gewaltausbruchs geworden waren, der am Abend des 6. April 1994 begonnen hatte.

Es gibt wohl keine Familie in Ruanda, die nicht vom Völkermord betroffen war. Ermordete, Überlebende, Täter, Flüchtlinge – es ist unmöglich, nicht auf Menschen zu stoßen, zu deren unmittelbarer Umgebung keine Täter oder Opfer gehören. Und unmöglich scheint es auch, sich nicht Fragen zu stellen, Fragen wie: Ist das ein Hutu? Ist das ein Tutsi? Stammt die Narbe am Kopf von einem Machetenhieb? Wo war diese Frau wohl zur Zeit des Völkermords? Mir jedenfalls waren diese Fragen ein ständiger Begleiter, als ich im Frühjahr 2002 das erste Mal nach dem Völkermord in Ruanda war.

Zozo, der Kleine, wie er wegen seiner Körpergröße in der Landessprache genannt wird, und Mann für alles im Hotel Mille Collines in der ruandischen Hauptstadt Kigali, besorgt mir ein Auto mit Fahrer für den zweiten Tag nach meiner Ankunft. Wir fahren nach Ntarama und Nyamata, zwei Gedenkstätten des Völkermords, die von Touristen gewöhnlich aufgesucht würden, wie mir Zozo versicherte. Beide liegen etwa eine Fahrstunde von Kigali entfernt in südlicher Richtung, und beide lassen ein beklemmend-anschauliches Bild entstehen von dem, was sich hinter dem Wort »Völkermord« verbirgt. Übertroffen auf der Skala des Schreckens werden sie nur noch durch das, was ich wenige Tage später in der Gedenkstätte Murambi, knapp hundert Kilometer weiter westlich, sehen und, vielleicht noch schlimmer, riechen sollte.

Etwa 5000 Menschen wurden laut Informationstafel auf dem Gelände der Kirche von Ntarama und in der Kirche selbst getötet, 45.000 sollen es an und in der Kirche von Nyamata gewesen sein. Die vermeintlich sicheren Refugien waren zur tödlichen Falle geworden, dort wie an vielen anderen Orten in Ruanda. In Ntarama sieht das Kircheninnere aus, als habe das Morden erst vor kurzem stattgefunden. Der Boden im Gang und zwischen den Bänken ist bedeckt von einer makabren Mischung aus menschlichen Knochen, Kleidungsresten, Töpfen und Tellern und halbzerrissenen Gebetbüchern oder religiösen Heften. Handtaschen und aufgerissene Koffer, aus denen die Habseligkeiten der in Panik geflüchteten Tutsi quellen, liegen umher. Auch ein populärwissenschaftliches Lexikon gehört offensichtlich zu den Schätzen, die gerettet werden sollten, ebenso wie ein Buch, das just an der Stelle aufgeschlagen ist, wo ein weißes und ein schwarzes Mädchen schwesterliche Eintracht demonstrieren. Jetzt wirkt es nur noch wie ein naiver und völlig deplazierter Appell zur Überwindung rassischer Vorbehalte. Gebeine und Totenschädel, die an den

Wänden und in den Ecken aufgehäuft wurden, warten darauf, in Säcke gefüllt und dann, nach einer Zwischenlagerung in einem Nebenraum, in dem bereits etliche Säcke stehen, zur Reinigung gebracht zu werden. Zuständig dafür sind eine Frau und ein Mann, beide, wie sie sagen, Überlebende des Massakers vom 15. April 1994. Schon seit Jahren arbeiten sie auf dem Kirchengelände, am Anfang, um Beweise zu sichern, jetzt, um die Erinnerung wach zu halten. Sie sitzen vor zwei mit einer Lauge gefüllten Eimern, in die sie die Schädel und Knochen eintauchen, um sie danach mit einer Bürste zu bearbeiten. Eintauchen, abschrubben, eintauchen, abschrubben, der Ablauf sitzt, als handelte es sich um Karotten. Die gereinigten Schädel und Knochen werden in einer Art Schuppen aus Holz mit vielen, die Luftzirkulation sichernden Spalten in den Wänden gelagert oder, genauer gesagt, ausgestellt. Auf zwei zirka fünfzehn Meter langen und bis zu zwei Meter breiten Tischen sind zunächst die Totenschädel aneinandergereiht, nebeneinander und hintereinander. Dann folgen die Knochen. Oberschenkelknochen sind es zumeist. Dicht an dicht liegen sie, manchmal auch mehrere übereinander. Ein Kondolenzbuch lädt dazu ein, Wünsche, Gedanken, Hoffnungen zu äußern. Die Betroffenheit der Besucher ist mit den Händen zu greifen. Immer wieder der Appell »*never again*«. »Manchmal haben wir den Eindruck«, sagt die Frau und der Mann nickt zustimmend, »als kämen die Menschen zu uns aus einer anderen Welt.«

Die Kirche in Nyamata ist um einiges größer als die Kirche von Ntarama. Auf den ersten Blick sieht sie längst nicht so beschädigt aus wie die Kirche von Ntarama, wo Löcher in die Wände geschlagen wurden, damit die Mörder eindringen konnten. Im Innern jedoch sind die Spuren der Mordaktion unübersehbar. Rund um den Altar ist der Betonboden dunkel gefärbt, auch das Altartuch hat eine rostbraune Färbung. Ein wahrer Blutsee muss in der Kirche gestanden haben. Eine Ahnung von dem, was hier geschehen ist, geben auch die vielen kleinen Lichtsäulen in der Kirche. Sie stammen von dem Sonnenlicht, das durch Löcher strahlt, die von Handgranatensplittern ins Wellblechdach geschlagen wurden. Um das Töten zu beschleunigen, hatten die Täter Handgranaten in die Menge geworfen. Ausgeklügeltere Methoden des Tötens zeigen Instrumente, die in einem Nebenraum ausgestellt sind. Angespitzte Stöcke, die in Körperöffnungen gestoßen wurden, zählen da augenscheinlich noch zu den eher herkömmlichen Varianten.

Ansonsten ist bei der Präsentation des Verbrechens der Unterschied zwischen 5000 Toten und 50.000 Toten nicht groß. Schädel und Knochen sind zu Hunderten und Tausenden ausgestellt. Einschnitte in den Knochen, Risse und Löcher in den Schädeldecken geben eine Ahnung davon, wie der dazugehörige Mensch gestorben sein muss. Bekanntere Persönlichkeiten sind vor der Kirche beigesetzt. Dort befindet sich auch das Grab von Tonia Locatelli, einer italienischen Entwicklungshelferin, die im März 1992 bei dem Versuch, ein Massaker an den Tutsi von Nyamata zu verhindern, getötet wurde und heute als das erste weiße Opfer des Völkermords gilt.

Wenige Tage später dann besuche ich Murambi. Nichts weist auf das hin, was hier zu sehen sein wird. Wie die Karikatur eines Hausmeisters bei einer Schulinspektion läuft ein Mann eilfertig von Tür zu Tür eines ehemaligen Schulgebäudes. Er stößt eine Tür auf, verharrt kurz und eilt, ohne das Ankommen des Besuchers abzuwarten, weiter zur nächsten Tür. Wer den ersten Raum mit ohnehin schon dunkler Vorahnung betritt, bleibt abrupt stehen. Nicht menschliche Totenschädel oder Gebeine erwarten ihn, sondern mumifizierte Leichen, die auf Brettergestellen abgelegt wurden. Etwa fünfzig pro Klassenraum. Eng nebeneinander die Erwachsenen, auf gleicher Länge übereinander die Kinder. Kleinkinder oder Babys liegen, so scheint es, bei ihren Müttern oder Vätern, da die Körper in ihrer Lage wie zueinandergehörig wirken. Einige haben noch Reste ihrer Kopfbehaarung, andere zeigen Spuren tödlicher Verletzungen, in der Regel am Kopf, der das bevorzugte Ziel von Hieb- und Schlagwaffen gewesen sein muss. Am 23. April 1994 habe das Morden begonnen, sagt Emmanuel Murangira am Ende des Gangs, als ich zu ihm aufschließe, noch halb betäubt vom Geruch der vielen mumifizierten Leichen. Zur besseren Konservierung wurden sie mit einer kalkartigen Substanz bestreut, was ihnen nicht nur ein gespenstisches Aussehen gibt. Auch die Luft in den stickigen, von außen mit Plastikplanen abgedunkelten Klassenräumen ist ekelerregend schlecht. Es ist beinahe so, als würde sie in jede Pore eindringen und mit jedem Atemzug intensiver und gegenständlicher schmecken. »Ich bin hier für meine Frau und meine fünf Kinder«, fährt Emmanuel Murangira fort. »Nach einem tagelangen Martyrium – die Belagerer hatten die Wasserleitung zur Schule unterbrochen und keine Nahrungsmittel mehr hineingelassen –, wurden sie hier umgebracht. Zusammen mit 50.000 anderen.« Er selbst hat wie durch ein Wunder überlebt. Eine Kugel verletzte ihn an der Stirn. Für die Mörder war er wegen der Wunde, deren Spuren heute noch deutlich zu sehen sind, so sicher tot, dass nicht noch einmal geschossen oder zugeschlagen werden musste. »Vielleicht liegen meine Frau und Kinder auch auf den Gestellen. Ich weiß es nicht. Wahrscheinlich aber liegen sie noch in einem der Massengräber da oben«, meint Emmanuel Murangira und zeigt zum Eingang des Schulgeländes. »Ich jedenfalls gehe hier nicht mehr weg. Ich weiß, was hier geschehen ist, und werde darüber reden.« Und wieder erzählt er von den Tausenden Tutsi-Flüchtlingen im Schulkomplex. Davon, dass die Behörden nur vier Polizisten zu deren Schutz abstellen wollten, von ihrer Verzweiflung und von dem Furor, mit dem die Hutu-Mörder von nah und fern sich an das Morden gemacht hätten. Sie seien jetzt (»aber noch längst nicht alle«) in Sichtweite im Gefängnis auf dem gegenüberliegenden Hügel, sie seien es auch gewesen, die die Leichen, die in den Klassenräumen zu sehen seien, hätten exhumieren müssen. »So werden sie immer an ihre Taten erinnert«, schließt Emmanuel Murangira in einem Anflug bitterer Zufriedenheit.

Jedes Jahr, vom 7. bis 13. April, wird in Ruanda offiziell der Toten des Völkermords gedacht. Am 7. April 2004 findet die zentrale Gedenkfeier zum zehnten Jahrestag des Völkermords im vollbesetzten *Amahoro*-Stadion (*Amahoro* = Frieden) von Kigali statt. Etwa 25.000 Menschen sind gekommen, um an der Veranstaltung teilzunehmen, die um sieben Uhr begonnen hat und nach einer kurzen spätnachmittäglichen Unterbrechung mit einer nächtlichen Totenwache enden soll. An den Längs- und Querseiten im Innern des Stadions hängen schwarze Tücher, auf denen die Worte »*Plus jamais*« und »*Never again*« zu lesen sind. Die Stimmung im Stadion ist gedrückt. Schon während der Gedenkminute an die Opfer waren Schreie von Frauen zu hören gewesen, die unter dem Schmerz der Erinnerung zusammengebrochen sind. Jetzt hören die Menschen einem Chor zu, der ein Lied vorträgt, in dem ein Kind über die Verzweiflung und Verlassenheit nach der Ermordung seiner Familie klagt. Die Schreie werden so zahlreich, dass in Teilen des Stadions Panik auszubrechen droht. Namen Ermordeter werden gerufen, einmal, zweimal, dreimal, bis die Rufe übergehen in Weinen, dann in ein Wimmern, das von einem hohen kehligen Laut getragen wird. In besinnungslosem Schmerz stürzt sich eine Frau vom Rand der Tribüne auf den Betonboden und verletzt sich schwer, andere lassen sich dort fallen, wo sie gerade stehen oder sitzen. Es scheint, als könne nur ein heftiges körperliches Empfinden Halt bieten in der Grenzenlosigkeit von Trauer und Leid.

Nach einer halben Stunde – die Schreie haben aufgehört, im Stadion ist es fast ruhig – tritt vor die Tribüne, auf der Staatspräsident Kagame und einige ausländische

Amtskollegen sitzen (auch der belgische Premierminister ist der Einladung gefolgt), ein Mann mittleren Alters. Ganz allein steht er im Innenbereich des Stadions. Er nimmt ein Mikrofon und, den Blick unverwandt auf die Tribüne gerichtet, beginnt, in die Stille hinein auf Kinyarwanda zu sprechen: »Ich heiße Innocent Gisanura, komme aus dem Distrikt Karongi (im Westen Ruandas am Kivusee gelegen, G. H.) und bin aus meiner Familie der Einzige, der den Völkermord überlebt hat.« Dann erzählt er, wie er mit seiner Familie in einer Kirche Zuflucht zu finden versucht hat, diese Kirche aber mit Unterstützung des Priesters von der *Interahamwe*-Miliz (*Interahamwe* = die, die zusammenarbeiten) gestürmt wurde. Wie durch ein Wunder hätte er das Massaker überlebt. Es sei ihm gelungen, nach Bisesero zu flüchten, wo sich auf einem Hügel schon viele tausend Verfolgte zur Verteidigung gegen die Mörder entschlossen hätten. Ihr Widerstand sei erbittert gewesen, sie hätten sich mit allem gewehrt, was ihnen zur Verfügung gestanden hätte – Steine, Speere, Macheten. »Irgendwann sind die Franzosen gekommen (im Rahmen der UN-Mission *Opération Turquoise*, 23.6.–21.8.1994, G. H.). Wir haben gedacht: ›Jetzt sind wir gerettet‹, aber wir sollten uns irren. Statt uns zu helfen, haben sie *Interahamwe* und Militär nach Bisesero gebracht. Es war fürchterlich, wir hatten keine Chance.«

Innocent Gisanura konnte sich, obwohl verletzt, in die nahe gelegene Stadt Kibuye durchschlagen. Er fand Unterschlupf bei einer Frau, die ihm half. »Diese Frau, eine Hutu, hat Medikamente für mich besorgt. Sie hat sogar zwei *Interahamwe* Geld gegeben, damit sie mich am Leben lassen.« Die Frau habe ihn schließlich zu einem Militärlager der Franzosen gebracht, wo er versorgt worden sei. »Ja, die Franzosen haben mich behandelt, das stimmt. Doch habe ich auch gesehen, wie in diesem Lager, in dem sie mich behandelt haben, Frauen vergewaltigt und getötet wurden. Und die Franzosen haben mitgemacht. Sie haben Überlebende

Tutsi vergewaltigt und getötet, das habe ich mit meinen eigenen Augen gesehen.«

Die letzten Sätze sind noch nicht ganz verklungen, als der französische Botschafter, dem das öffentliche Zeugnis Innocent Gisanuras übersetzt worden ist, von seinem Sitz aufspringt und die Tribüne Richtung Ausgang verlässt. Nur wenige Blicke folgen ihm, denn der Vorsitzende der Opfervereinigung *Ibuka* hat sich erhoben und sich vor das auf der Tribüne befindliche Mikrophon gestellt. Er spricht vom dem Leid der Opfer, der Grausamkeit der Täter und ihrer Nähe zu den Opfern, weder Nachbarschaft noch Zugehörigkeit zur selben Familie hätten die Täter an ihren Taten gehindert. Und er spricht von dem Versagen der Welt, die den Völkermord habe geschehen lassen, ein Versagen, das auch in den Ansprachen der Ehrengäste immer wieder aufgegriffen wird. Am Vormittag waren sie noch in der neuen Genozid-Gedenkstätte Gisozi in Kigali, die in ihrer Anwesenheit feierlich eingeweiht worden war. Filme über die Lebensverhältnisse unter dem alten Regime, Fotos fanatisierter Täter und ihrer zerschlagenen oder zerhackten Opfer und die Ausstellung diverser Gegenstände, die als Mord- oder Marterinstrumente nutzbar sind, hatten in ihnen eine Vorstellung davon wecken sollen, was sich in dem Land, dessen Gast sie heute sind, 1994 ereignet hatte. Jetzt stehen sie nacheinander vor den Überlebenden und Zeitzeugen und hatten, da sie Englisch sprachen, erkennbar Mühe, sich verständlich zu machen. Erst als der Letzte in der Reihe der Gäste, der belgische Premierminister Guy Verhofstadt, sich im Namen seines Landes auf Kinyarwanda dafür entschuldigt, dass Belgien seine Blauhelm-Soldaten zu früh abgezogen und das Land seinem Schicksal überlassen hat, tritt auf den Rängen wieder Ruhe ein. Dass Verhofstadt als Vertreter der ehemaligen Kolonialmacht so deutlich von einer moralischen Schuld spricht und dafür die Sprache der davon Betroffenen wählt, wird anerkennend zur Kenntnis genommen.

Am späten Nachmittag werde ich Zeuge einer anderen Form der Erinnerung, bescheidener und in kleinerem Rahmen. Die belgische und die ruandische Regierung haben auf das Gelände des ehemaligen Camp Kigali geladen, des früheren Armeehauptquartiers, wo am 7. April 1994 zehn belgische Blauhelm-Soldaten von einer aufgehetzten ruandischen Soldateska getötet worden waren. Vertreter der ruandischen Regierung, an der Spitze Premierminister Bernard Makuza, sind anwesend, desgleichen der belgische Premierminister mit einigen Mitgliedern seines Kabinetts sowie Familienangehörige der getöteten Soldaten, die sich neben ein kleines Stelenfeld gestellt haben (eine Stele für jeden Soldaten) und ergriffen der Verlesung der zehn Namen folgen. Ob es an der, verglichen mit dem Stadion, relativen Enge der Örtlichkeit liegt, an der mit Trauermusik untermalten Zeremonie oder an der vorstellbaren Zahl der Opfer (wie soll man auch 10.000 oder 100.000 Namen Ermordeter vorlesen können, ohne dass sie eben das bleiben: Namen) und ihrem grausamen Schicksal (geschlagen, gefoltert und irgendwie zu Tode gebracht), unter den nichtruandischen Anwesenden macht sich, so hat es den Anschein, eine Stimmung breit, die eine Ahnung davon aufkommen lässt, welches Grauen Ruanda 1994 heimgesucht hat. Es ist eine ausgezeichnete Idee, denkt man, dass auch an dieser Stelle, nämlich in den Nebengebäuden, in denen die belgischen Soldaten festgehalten wurden, eine Gedenkstätte eingerichtet worden ist, die Massengewalt und ihre Hinnahme durch eine teilnahmslose Welt zum Thema hat.

Die Gleichgültigkeit der Welt begegnet mir noch einmal am Abend in einer als »Totenwache« angekündigten Veranstaltung, wiederum im *Amahoro*-Stadion. Es ist nur spärlich besetzt und das Interesse an dem, was unten auf dem Platz im Innenbereich geboten wird, ist mäßig, zumal dort die meiste Zeit nichts passiert. Dass die Totenwache in erster Linie durch die Präsenz vieler ausgedrückt werden soll, ist wohl nicht bekannt. Man unterhält sich, telefoniert oder läuft herum. Erst als sich, gegen Ende der vierstündigen Wache, Hunderte von Tänzerinnen und Tänzer im Innenraum versammeln, gilt die Aufmerksamkeit wieder dem Geschehen. In verschiedenen Formationen bewegen sich die Tänzerinnen und Tänzer zum Takt von Trommeln, bilden Figuren, tanzen wieder, um zuletzt, über die gesamte Länge des Spielfelds und riesengroß, aus der Bewegung heraus das Wort »Rwanda 10« zu schreiben. Ein Paukenschlag ertönt, sie sinken zu Boden und eine jedes Mal lauter werdende Stimme fragt mehrmals: »Wer kann ein Baby töten?« »Wer kann ein Kind töten?« »Wer kann eine Frau töten?« »Wer kann einen Mann töten?«

Der Tod ist in der Trauerwoche allgegenwärtig in Ruanda. Auf dem einzigen Kanal des ruandischen Fernsehens besteht das gesamte Programm aus Dokumentationen, Diskussionen und Berichten über den Ablauf des Massenmords, über die Gleichgültigkeit der internationalen Gemeinschaft, die Rolle Frankreichs und das Versagen der Kirchen. Aufnahmen von agitierenden Politikern und machetenschwingenden Milizionären wechseln ab mit solchen, die in schonungsloser Offenheit Selektionen an Straßensperren zeigen und damit en passant die häufig zu hörende Behauptung widerlegen, der Völkermord habe auch deshalb stattfinden können, weil es keine Bilder gegeben habe, die die Weltöffentlichkeit hätten mobilisieren können. Ergänzt wird dieser Blick zurück in die Vergangenheit durch Reportagen über erst kürzlich an verschiedenen Orten des Landes entdeckte Massengräber, über Exhumierungen der Opfer und deren feierliche Beisetzung. Es ist noch nicht vorbei, sagen diese Bilder, es betrifft uns alle, es ist unsere Geschichte.

»Ja, es ist unsere Geschichte, aber sie interessiert keinen, wenn die Gedenkfeiern vorbei und die Kameras ausgeschaltet sind«, erwidert Bernadette M., als wir uns etwa eine Woche später über die Gedenkwoche unterhalten.

Wir, das sind fünf ruandische Frauen und ich, neben Bernadette M., in deren Haus wir uns befinden, noch Lénualda M., Yvonne M., Jacqueline K. und Josepha K., die ein kleines, inoffizielles Netzwerk gegründet hat, um Überlebenden des Völkermords zu helfen, Überlebenden wie den vier anderen Frauen, die jetzt mit mir bei Wasser, Fanta und Kuchen am Wohnzimmertisch sitzen. Jacqueline K. ist mit 28 Jahren die Jüngste, Yvonne M. mit fast sechzig Jahren die Älteste, die andern sind um die fünfzig Jahre alt. Alle haben Dinge erlebt oder gesehen, die sich vom Moment ihres Erzählens an der Etikettierung durch Begriffe wie »fürchterlich« oder »grauenhaft« entziehen. Jacqueline K. hat ihren Vater (ihre Mutter war vor 1994 eines natürlichen Todes gestorben) und ihre Geschwister, vier Brüder und eine Schwester, verloren. Yvonne M. hatte einen Mann und sechs Kinder. Sie sind im April 1994 umgebracht worden. Lénualda M. hatte drei Kinder, die zusammen mit ihrem Mann und allen anderen Familienangehörigen umgebracht worden sind. Bernadette M. war auch verheiratet. Sie hatte zehn Kinder. Zwei von ihnen, zwei Töchter, sind ihr geblieben, die übrigen acht und ihr Mann wurden getötet. Nur Josepha K. hat niemanden verloren. Sie ist Hutu, hat das Morden gesehen und versucht, Menschenleben zu retten, wo es möglich war. Sie spricht wenig über sich, meist übersetzt sie, was Jacqueline K. und Yvonne M., die nur wenig Französisch sprechen, sagen. Und heute ist es vor allem Jacqueline, die spricht, die immer wieder zurückkommt auf ihre Schmerzen im Kopf und im Bauch und auf ihre ergebnislosen Versuche, medizinische Hilfe zu bekommen. »Ich weiß nicht, wie ich weiterleben soll«, sagt sie, und die andern schweigen. Sie weint oft, während sie spricht. Immer wieder fällt sie zurück in die fast modulationslose Aneinanderreihung der Etappen ihres Unglücks und in die Klage über die Ausweglosigkeit ihrer Situation.

Bei unserem nächsten Treffen fünf Tage später, wieder bei Kuchen und kalten Getränken im Haus von Bernadette

M., wirkt Jacqueline ruhiger, zunächst jedenfalls. Dass sie wieder in einen längeren Erregungszustand gerät, hat dann auch nichts mehr mit ihrem Gesundheitszustand zu tun, sondern liegt an einem Thema, das von zwei anderen Frauen zur Sprache gebracht wird. Bernadette M. und Yvonne M. waren am Vortrag in ihren Heimatgemeinden, wo sie im Rahmen einer Exhumierungsaktion Tote ihrer Familien identifizieren sollten. Massengräber mit Dutzenden von Toten waren geöffnet, die im Zustand fortgeschrittener Verwesung befindlichen Leichen aneinandergereiht und die Überlebenden gebeten worden, Familienangehörige zu identifizieren. Mit großer Ruhe erzählt Bernadette M., wie sie an der langen Reihe der Toten, viele von ihnen Flüchtlinge aus nördlicheren Regionen Ruandas, vorbeiging und mit Erstaunen feststellte, dass die Kleidung noch gut zu erkennen gewesen sei. Sogar Farben und Muster habe sie noch unterscheiden können. Ihre Kinder und ihren Mann habe sie jedoch nicht gefunden, denn sie habe nicht gewusst, was sie am Tag ihrer Ermordung getragen hätten. »Ich war doch in Kigali, wo mich eine befreundete Familie, sie waren Hutu, aufgenommen hatte. Ich konnte nicht zurück nach Butare, mein Mann und meine Kinder waren allein. Ich weiß nicht, wie sie aussahen, als sie umgebracht wurden.« Sie wendet sich ab und weint leise, stumm und ausdruckslos betrachtet von Yvonne M., die das gleiche Schicksal getroffen hatte. Auch sie war vom Beginn des Völkermords in Kigali überrascht worden, hatte dort bei befreundeten Hutu Schutz gefunden und konnte nicht in die Gegend von Gitarama, nur siebzig Kilometer von Kigali entfernt, zurückfahren. »Es ist, als hätten sie nie gelebt. Ich habe keine Spur von meinem Mann und meinen Kindern«, sagt sie.

Danach Stille und Kuchen essen und, aller kitschigen Idylle zum Trotz, von der Straße herüber dringender Lärm spielender Kinder. Jacqueline ist die Erste, die wieder spricht. Auch sie hat vor wenigen Tagen an einer Exhumierung teilgenommen, doch anders als Bernadette und Yvonne hat sie einen Familienangehörigen identifiziert, ihren Vater, und zwar an seiner Jacke. »Er lag da, halb verdeckt von einem anderen Körper, nur ein Teil seiner Jacke war zu sehen, ihr Muster war so auffällig, dass ich keinen Zweifel hatte. Das war mein Vater.« In etwa einer Woche, erzählt sie noch, soll es eine Beerdigungszeremonie geben, auf der werden wohl auch die sterblichen Überreste ihrer Geschwister bestattet werden, vermutet sie. »Auf keinen Fall will ich, dass ihre Schädel oder Knochen in einer Gedenkstätte, die in der Nähe errichtet wird, ausgestellt werden.« Dieser Wunsch Jacquelines, mit ziemlicher Vehemenz geäußert, wirkt wie elektrisierend auf die anderen Frauen und führt auch diese, wohl infolge der sich in ihrem Kopf einstellenden Bilderflut von aufgetürmten Schädeln oder säuberlich arrangierten Knochen, direkt in einen Zustand anhaltender Empörung über diese Art der Präsentation. »Wenn ich mir vorstelle, dass das, was von meinen Geschwistern geblieben ist, irgendwo liegt, offen für den Blick aller, ist das für mich ein unerträglicher Gedanke«, schreit Jacqueline fast. Die andern stimmen ihr bei, und erzählen sich Geschichten über die Einrichtung von Gedenkstätten, die sie allerdings nur vom Hörensagen kennen. Keine von ihnen war bisher in einer Genozid-Gedenkstätte. »Wozu?«, fragen sie, »wir haben all das selbst erlebt und müssen uns keine Bilder oder Gegenstände ansehen. Die Verbrechen so darzustellen, durch Knochen und Schädel, ist gegen die Würde der Toten und auch gegen unsere Würde, die der Überlebenden.«

Jacqueline holt Fotos aus ihrer Handtasche, auf denen ihre Eltern und Geschwister zu sehen sind, allein oder zusammen mit Freunden und Nachbarn. Im Nu ist der Tisch bedeckt mit Fotos, die, in den jeweiligen Handtaschen wie Schätze gehütet, von dem vergangenen Leben der Frauen zeugen. Ernste und lächelnde Gesichter von Erwachsenen und Kindern, Fahrräder vor ihren stolzen Besitzern, einmal sogar ein kleines Auto in der Einfahrt zu einem Haus. Das Leben schien sicher, der Gedanke an eine tödliche Bedrohung fern und keinesfalls in Deckung zu bringen mit den Gesichtern von Freunden und Nachbarn, die auf einigen der Fotos zu sehen sind. »Natürlich hatten wir Kontakt zu Hutu, wir lebten ja zusammen. Unter unseren besten Freunden waren Hutu«, gibt Lenualda zu bedenken, und Bernadette, ihren alten Ausweis mit dem ethnischen Vermerk ›Tutsi‹ in den Händen haltend, fügt hinzu: »Ich bin von einer Hutu-Familie gerettet worden, weil ich mich bei ihr verstecken konnte, und Yvonne konnte das auch. Es gibt gute Hutu und es gibt böse Hutu, während des Völkermords waren die Letzteren leider sehr zahlreich. Dass sie bestraft werden müssen, ist klar. Doch genauso klar ist, dass wir mit den anderen, die sich (sie blickt auf Josepha) moralisch einwandfrei verhalten haben, auch in Zukunft problemlos zusammenleben werden.«

Ich hörte diese Worte Bernadettes, die sie am Ende meines zweiten Besuchs bei den fünf Frauen sagte, und musste beinahe sogleich an einen Besuch in Bisesero denken, jenes Hügels in der Nähe von Kibuye, auf dem Tutsi versucht hatten, sich gegen Hutu-Banden zu verteidigen. Es war ein paar Monate vor Beginn der Gedenkfeierlichkeiten zum zehnten Jahrestag des Völkermords. Von Frankreichs direkter Beteiligung an den Verbrechen war noch nicht die Rede und ich war gerade im Begriff, das Gelände der Gedenkstätte zu betreten, als mehrere Männer auf mich zugelaufen kamen. Augenscheinlich wohnten sie in dem kleinen Ort, den wir, mein Fahrer, mein Dolmetscher und ich, eben passiert hatten, und was sie zu uns kommen ließ, war mehr als nur Neugier. Es war, wie ich von Besuchen in anderen Gedenkstätten wusste, das Bedürfnis, von der Warte des Augenzeugen etwas über das vergangene Geschehen am Ort der Gedenkstätte zu erzählen, verbunden mit der Hoffnung, von den sich erkenntlich zeigenden

Zuhörern ein wenig Geld zu bekommen. So saßen wir denn auf einer Mauer am Eingang der Gedenkstätte (die eigentlich eine Anlage ist, da sie aus mehreren, sich in einer Zick-Zack-Linie am Hang hochziehenden Gebäuden besteht), unweit eines Schuppens, in dem, wie ich später sehe sollte, tausende Schädel und menschliche Knochen zwischengelagert waren, bis sie in den Gebäuden öffentlich gezeigt werden würden. Die vier Männer waren zwischen dreißig und vierzig Jahre alt und hatten alle, so sagten sie, das Morden von Bisesero überlebt. Im Gesicht eines von ihnen ist noch eine tiefe Narbe zu erkennen. Ein Machetenhieb hatte ihn unterhalb der rechten Wange getroffen. »Hier auf dem Hügel und dem Gelände dahinter befanden sich viele Menschen, die aus den umliegenden Dörfern hierher geflohen waren«, sagt Narcisse Nkusi, der Mann mit der Narbe. »Die ersten kamen Ende April, im Mai waren der Hügel und der angrenzende Wald voller Menschen. Die Männer haben versucht, ihre Familien mit allen Mitteln gegen die Angreifer zu verteidigen, aber was sollten sie gegen die Gewehre und Handgranaten der anderen machen? Sie konnten nichts tun. Im Juni, als die Franzosen kamen, lebten nur noch wenige, und die Franzosen wussten überhaupt nicht, was los war. Sie haben nicht verstanden, dass wir angegriffen wurden und um unser Leben kämpfen mussten.« Ein anderer Mann, Jean-Pierre Kageruka, will diese Behauptung so nicht stehen lassen. Unwirsch wirft er ein: »Aber die französischen Soldaten waren doch hier, um zu helfen. Da können sie doch nicht zusehen, wie wir getötet werden.« Die beiden Männer, die noch nichts gesagt haben, nicken zustimmend. Alle vier haben in den Kämpfen Familienangehörige verloren, Narcisse Nkusi sogar seine gesamte noch junge Familie, drei kleine Kinder und seine Frau.

Von unserem erhöhten Gesprächsplatz auf der Mauer sehen wir gut die beidseitig der Straße stehenden Häuser des nahe gelegenen Dorfes und einzelne verstreut liegende

Hütten im Umkreis. Ihrem Zustand nach zu urteilen standen sie schon 1994 dort, ihre Bewohner, die mehrheitlich Hutu gewesen sein werden, müssen gesehen haben, was vor ihren Augen geschah, vielleicht haben sie sich auch an dem Morden beteiligt. Die Frage, die sich daher nach dem eben Gehörten unweigerlich stellt, ist: Wie leben sie, die Überlebenden, heute in diesem Dorf, mit ihren Nachbarn und mit diesem Verdacht? Die vier Männer überlegen kurz, dann sagt Jean-Pierre Kageruka: »Natürlich hoffen wir, dass die Hutu, mit denen wir zusammenleben, nicht bei den Massakern mitgemacht haben. Wir fragen aber auch nicht nach. Wir leben alle in derselben Armut, was sollen wir da auch machen. Außerdem wissen wir, dass es auch viele Hutu gegeben hat, die den Tutsi geholfen haben, auch wenn das sehr gefährlich war.« Sein Nachbar zur Linken, Samuel Ndirishi, wirft ein, dass der Inbegriff des friedlichen Zusammenlebens, das gemeinsame Bier am Abend, wieder praktiziert werde und – für ihn wohl das ultimative Zeichen wiedergewonnener Normalität –: »Wir heiraten wieder Hutu-Frauen. Die Tutsi-Frauen und ihre Töchter sind alle umgebracht worden, wir haben keine Wahl. Das ist auch gut so.« Und mit pragmatischer Lakonie bilanziert er: »Wir haben vorher zusammen gelebt, dann gab es die Katastrophe, und jetzt leben wir wieder zusammen.«

Die materielle Not der Tutsi, die den Völkermord überlebt haben, ist es vor allem, was auch Samuel Ndagijimana beschäftigt, täglich, ob zu Hause oder am Arbeitsplatz im Krankenhaus von Mugonero, nur wenige Kilometer von Bisesero entfernt. Den Zustand der Unzufriedenheit, der sich mit einigen ruandischen Francs beheben lässt, hat er dabei schon seit längerem hinter sich gelassen. Jetzt ist er nur noch erbittert, erbittert über sein geringes und oft ausbleibendes Gehalt, das er als Krankenpfleger erhält, erbittert darüber, dass er, obschon 37 Jahre alt, seine Frau und seine zwei kleinen Kinder nicht ernähren kann, und insbesondere erbittert angesichts eines augenscheinlich bruchlosen Weiterlebens der Täter. »Sie haben alles und wir nichts. Sie haben Häuser, Vieh und Land, wir haben Schmerzen, böse Erinnerungen und Hunger.«

Samuel Ndagijimana steht mit mir vor einer nicht ganz mannshohen Mauer, auf der in großen Buchstaben auf Französisch und Englisch die Widmung »Den unschuldigen Opfern des Völkermords vom April 1994« zu lesen ist. Hinter der Mauer liegt ein Brachgelände, so groß wie ein Tennisplatz, mit einer abgesackten Grasoberfläche. Viele seien hier begraben, erklärt Samuel. Zuerst habe sich an dieser Stelle ein kleiner Hügel aufgetan, doch sei er mit fortschreitender Verwesung eingefallen, bis jetzt die Kuhle entstanden sei.

Wie viele Menschen in Mugonero den Tod fanden, ist nicht sicher. Hunderte, sagen einige. Andere sprechen von mehreren Tausenden. Nur daran, dass unter den Opfern viele Frauen und Kinder waren, besteht kein Zweifel. »Die Erde hier ist blutgetränkt«, sagt Samuel. »Überall wurden Menschen getötet. Es gab keinen Ort, der Schutz hätte bieten können. Das Morden hörte erst auf, als die Mörder sicher waren, keinen Lebenden übersehen zu haben. Das war spät in der Nacht.«

Es war am Abend des 6. April 1994, als das Morden in Ruanda anfing, nur kurz nachdem das Flugzeug mit dem Hutu-Präsidenten Habyarimana und, was oft übersehen wird, auch mit dessen burundischem Amtskollegen und einem halben Dutzend höchster ruandischer Armeeoffiziere an Bord, über dem Flughafen Kigali abgeschossen worden war. Schlagartig trat das Land in eine Phase entfesselter Gewalt ein. »Wir saßen im ›Chez Lando‹ (ein Restaurant ca. anderthalb Kilometer vom Flughafen entfernt, G. H.), als plötzlich eine laute Explosion zu hören war«, erzählt der Oppositionspolitiker Jean Mbanda. »Ich weiß es noch wie heute. Meine Freunde und ich schauten uns gerade ein Fußballspiel an – es war Nigeria gegen Sambia –, als wir die Explosion hörten. Als wir dann erfuhren, was geschehen war, gerieten wir in Panik. Wir wollten nichts wie weg, denn die Stimmung wurde bedrohlich. ›Ihr guckt Fußball und der Präsident stirbt‹, rief man uns zu. Auf dem Nachhauseweg musste ich Umwege fahren, weil viele Straßen schon gesperrt waren.«

Nicht einmal eine Stunde später waren Straßensperren errichtet und die Todesschwadronen begannen, gezielt Menschen zu ermorden: Tutsi, weil sie alle als reale oder prospektive Verräter angesehen wurden, und Hutu, die den Gegnern des Regimes angeblich oder tatsächlich zu nahe standen. Evariste Kaliza, aus dem Süden des Landes stammender Hutu, Buchhändler und in dieser Kombination pauschal der Gegnerschaft zum Regime verdächtig, im Gespräch zehn Jahre später: »Sie kamen am frühen Morgen des 7. April in unser Haus in Kanombé, ganz in der Nähe des Flughafens. Meine ältere Schwester und deren Mann haben sie gleich erschossen, mein jüngerer Bruder war nicht sofort tot, er ist verblutet, und Sophie, meine kleine Schwester, lag den ganzen Tag verletzt im Hof und rief nach Wasser, bis sie am Abend einfach in ein Latrinenloch geworfen wurde. Ich konnte nichts machen, als von meinem Versteck aus zuzusehen.«

Bis zum Mittag desselben Tages waren von den Hutu nahezu alle umgebracht worden, die sich dem Furor der Extremisten hätten entgegenstellen können, unter ihnen auch die Premierministerin und der Präsident der *Cour Suprême*, des höchsten ruandischen Gerichts. Einige wenige hatten fliehen können, entweder in westliche Botschaften oder ins benachbarte Ausland. Nun hatten die Fanatiker der Hutu-Power-Bewegung und die Mitglieder des *akazu*, eines einflussreichen extremistischen Kreises von Hutu-Politikern und -Militärs, freie Bahn. Trotz gegenteiliger

Erklärungen des neuen Premierministers zum Engagement der Regierung (»... nichts unversucht lassen, um die Massaker unverzüglich zu beenden und die Schuldigen zu bestrafen«), setzten die Machthaber auf eine Mobilisierung der Hutu-Bevölkerung, die sich umso fanatischer äußerte, je erfolgreicher der Vormarsch der von Norden heranrückenden Rebellenarmee verlief. Ob Lehrer oder Geistlicher, Bauer oder Politiker, ob Polizist oder Soldat, von allen wurde erwartet, dass sie sich als Hutu auf ihre gemeinsame Kraft, auf ihre zahlenmäßige Überlegenheit besinnen und die Front im Innern stabil halten sollten. Feind war jetzt nicht mehr nur der Kämpfer der Rebellenarmee und sein Komplize im Land, Feind war jetzt jeder Tutsi, ob Mann oder Frau, ob jung oder alt. Niemand wurde verschont. »Auch Kagame war mal ein Baby«, hieß es zur Rechtfertigung der möglichst vollständigen Auslöschung der Tutsi-Bevölkerung (Paul Kagame war der militärische Führer der zumeist aus Tutsi bestehenden Rebellenarmee, die das Hutu-Regime in Ruanda stürzen wollte; siehe dazu das folgende Kapitel).

Berichten zufolge war es wie eine Entladung. Am Anfang mag Angst das vorherrschende Gefühl gewesen sein. »Es war ein absolutes Chaos. Die Menschen sahen überall Feinde und brannten darauf, etwas zu unternehmen, sich abzureagieren«, schilderte ein Überlebender die Situation in den Tagen nach dem Abschuss des Präsidentenflugzeugs, und ein anderer, auch ein Tutsi, der überlebt hatte, meinte: »Angst war das vorherrschende Gefühl. Die Menschen waren fast verrückt vor Angst. ›Denkt an Ndadaye (der Name des am 21. Oktober 1993 ermordeten burundischen Präsidenten war Melchior Ndadaye, G. H.), den Tutsi ist alles zuzutrauen, wir müssen uns wehren‹, riefen sie.« Bald jedoch ersetzten oder überlagerten andere Gefühle das ursprüngliche Angstgefühl. Neue Perspektiven taten sich auf, denen ungehindert Raum gegeben werden konnte. Zynische Genugtuung (»Die Tutsi ernten, was sie gesät haben«),

Hass (»Vor den Tötungen nannten wir sie normalerweise Kakerlaken. Dann, während wir sie töteten, erschien es uns richtiger, sie Schlangen zu nennen, weil sie sich wie Schlangen verhielten [in den Sümpfen krochen flüchtende Tutsi durch den Schlamm, um unentdeckt zu bleiben, was den Sprecher an die Bewegung von Schlangen erinnerte, G. H.] (...) oder wir nannten sie Hunde, denn bei uns achtet man Hunde nicht; jedenfalls waren sie weniger als nichts.«), das Bedürfnis nach Rache (»Fast alle Tutsi des Dorfes waren meine Freunde gewesen. Doch für mich spielte das jetzt keine Rolle mehr. Sie waren mit den Leuten verwandt, die [Präsident] Habyarimana umgebracht hatten.«) oder Habgier, Habgier nach dem Besitz der Tutsi oder nach dem Körper der Tutsi-Frauen, die nach dem verbreiteten Motto »ein Bier ist ein Primus, ein Auto ist ein Mercedes, eine Frau ist eine Tutsi« sowohl zum Objekt der Begierde als auch der Demütigung wurden.

Von Kigali aus erstreckten sich die Tötungsaktionen wie Wellen über das Land, allerdings nicht in einem überall gleichmäßigen Rhythmus. Im Südwesten Ruandas gab es fast zwei Wochen nach dem 6. April Regionen relativer Ruhe und Sicherheit, während im Nordosten und in der Hauptstadt Tutsi zu Abertausenden umgebracht wurden. Auch gab es Orte, an denen Widerstand geleistet wurde: von Hutu gegen die an sie gerichtete Forderung, sich an den Morden zu beteiligen, von Tutsi gegen die ihnen zugedachte Vernichtung. Doch endeten alle bekannten Fälle damit, dass der Widerstand schließlich überwunden wurde. Zu viele aus der Masse aufgehetzter, in zentralistischen, autoritären Strukturen aufgewachsener Ruander folgten aktiv den Tötungsaufrufen, viele halfen ihnen dabei und konnten mit der Unterstützung derjenigen rechnen, für die der langjährige Tutsi-Nachbar plötzlich mitsamt seiner Familie zu einer tödlichen Bedrohung geworden war. Zwar war die Präsidentengarde etwa 1500 Mann stark, zählten *Interahamwe* und ruandische Armee jeweils 50.000 Milizionäre bzw. Soldaten – ohne das mörderische Engagement eines großen Teils der Hutu-Bevölkerung (z. B. bei der Ausweiskontrolle an Straßensperren oder in Todesschwadronen) hätte das Morden jedoch nicht die Dynamik entfalten können, die es innerhalb kurzer Zeit entfaltet hat, zumal sich eine ganze Reihe von Soldaten nicht an den Massakern beteiligte.

Über die Zahl der zwischen April und Juli 1994 in Ruanda getöteten Menschen besteht Uneinigkeit. Offizielle ruandische Angaben sprechen von 1.074.017 Getöteten, von denen 93,7 Prozent (1.006.353) Tutsi gewesen seien. In den ersten Angaben nach dem Völkermord hatte es noch geheißen, ca. 500.000 Tutsi seien Opfer des Völkermords geworden, etwa drei Viertel bis zwei Drittel der seinerzeit in Ruanda lebenden Tutsi. Dann stieg die Zahl der Getöteten infolge neuer, angeblich genauerer Berechnungen auf 800.000, eine Zahl, die auch von der UNO übernommen wurde und sich regelmäßig in ihren Publikationen zu Ruanda findet. Allerdings ist sie eine Gesamtzahl aller Opfer zwischen April und Juli 1994, das heißt, es geht aus ihr nicht hervor, wie viele Tutsi und wie viele Hutu ermordet wurden. Übereinstimmung besteht bei den verschiedenen Quellen jedoch darin, dass die Zahl der Tutsi unter den Opfern die weitaus größere ist. Bedenkt man, dass zirka ein Drittel der Tutsi das Morden überlebt hat (nach offiziellen Angaben sind es 309.000 von im Höchstfall 930.000), sind die ruandischen Angaben definitiv nicht haltbar. Sie verlässlich zu korrigieren ist allerdings unmöglich, da Unterlagen fehlen bzw. unvollständig sind und Nachforschungen vor Ort schnell in einen tabubehafteten Widerspruch zur offiziellen ruandischen Geschichtsschreibung geraten.

Als sicher und gewissermaßen Mindestangabe muss demzufolge gelten, dass in den gut hundert Tagen nach dem 7. April etwa 500.000 Tutsi ermordet wurden. Anders formuliert, eine Mindestzahl vergleichbar der gesamten

Bevölkerung einer deutschen Großstadt wurde in drei Monaten mit der Machete zu Tode gehackt, mit der Keule erschlagen oder – ein »humaner« Tod, für den die Opfer nicht selten Geld zahlen mussten – erschossen. Wie viele Frauen und Mädchen vergewaltigt wurden, ist ebenfalls nicht genau bekannt. Doch auch hier kann als sicher gelten, dass die Zahl im deutlich sechsstelligen Bereich liegt.

3. Die Vorgeschichte

Wenn wir unseren Rückblick mit der Vorkolonialzeit beginnen, fällt als Erstes auf, dass bis heute unsicher und umstritten ist, wie die Begriffe »Hutu« und »Tutsi«[*] im damaligen sozialen Leben benutzt wurden. Schriftliche Zeugnisse aus dieser Zeit, die darüber Auskunft geben könnten, gibt es nicht. Weder ist bekannt, woher die Begriffe »Hutu« und »Tutsi« kamen, noch, wen sie in welcher Eigenschaft genau benannten. Die lange Zeit favorisierte Theorie, wonach vor zirka 500 Jahren Hirten, Tutsi, aus den Regionen um den Oberlauf des Weißen und Blauen Nil (heute Südsudan beziehungsweise Äthiopien) in das Gebiet des heutigen Ruanda und Burundi kamen, die dort vom Ackerbau lebenden Hutu unterwarfen und ein von Ausbeutung und Unterdrückung geprägtes System der Gewaltherrschaft installierten, wird heute nicht mehr vertreten. Zu Recht steht sie, die oft auch Hamiten-Theorie genannt wird, unter dem Vorwurf, das Ergebnis eines äußeren, das heißt europäischen Blicks auf die ruandische Geschichte zu sein, bei dem die bewusst oder unbewusst vorurteilsbehafteten Erwartungen Untersuchungsfragen generierten, die bereits in der Fragestellung die Antworten vorwegnahmen: Hutu sind von gedrungenem Wuchs, von unbekümmertem Wesen und mit Landwirtschaft beschäftigt, während Tutsi schlank und großgewachsen sind, von kaukasischem Typ, vornehm und

---

[*] Die Gruppe der »Twa«, kleinwüchsige, oft als Pygmäen bezeichnete Menschen, kann hier unberücksichtigt bleiben, weil sie mit maximal zwei Prozent der Gesamtbevölkerung zahlenmäßig nicht ins Gewicht fiel und auf den Fortgang der Geschichte keinen Einfluss hatte.

zum Herrschen berufen. Was europäische Forschungsreisende und Missionare sehen wollten, sahen sie und fanden für die angeblich natürliche, rassisch bedingte Unter- und Überordnung etliche Bestätigungen.

Erst in der zweiten Hälfte des 19. Jahrhunderts gab es überhaupt ein Machtzentrum, an dessen Spitze ein *Mwami*, ein Tutsi-König, stand, dessen Vorfahren wahrscheinlich aus dem heutigen Tansania nach Ruanda eingewandert waren. Zwar hatte es noch, vornehmlich im Nordwesten des Landes, kleine Hutu-Königreiche gegeben, die aber gerieten Stück für Stück und nach heftigem Widerstand unter die Herrschaft des *Mwami*. Gegen Ende des 19. Jahrhunderts war in Ruanda die Monarchie der Tutsi unangefochten, und wenn auch die Durchsetzung ihres absoluten Herrschaftsanspruchs selbst bei äußerster Dehnung des Begriffs nicht als friedlich bezeichnet werden kann, so unterscheidet sie sich doch nur in geographischer Hinsicht von der Art und Weise der Herausbildung zentraler Herrschaft in vorstaatlichen europäischen Gesellschaften.

Was blieb, war der gleichwohl häufig nicht zu übersehende physische Unterschied zwischen Hutu und Tutsi. Und zwei Einrichtungen, die in ähnlicher Form auch aus der Geschichte Europas bekannt sind: *ubuhake* war ein Vertrag zur Nutzung von Kühen, abgeschlossen zwischen dem Eigentümer der Kühe, gewöhnlich einem Tutsi, und einer anderen Person, gewöhnlich einem Hutu, dem gewissermaßen der Nießbrauch an den Kühen eingeräumt wurde und der als Gegenleistung dafür landwirtschaftliche Arbeit für den Tutsi erbringen musste. *Uburetwa* war ein Arbeitsdienst, der sich auf die Erbringung landwirtschaftlicher Arbeit bezog, den ausschließlich Hutu für den jeweiligen Tutsi-Herrscher leisten mussten. Zwar waren beide Frondienste längst nicht im ganzen Land verbreitet, aber ihre pure Existenz verband sich mit der unterschiedlichen Physis von Hutu und Tutsi bei fremden Beobachtern zu der so starken wie verhängnisvollen Überzeugung, in Ruanda – und mit Abstrichen auch in Burundi – die natürliche Überlegenheit einer Rasse über eine andere zu erleben. Dass selbst ausgeprägte Hierarchien und Abhängigkeiten auch in Europa ein nicht ungewöhnliches Phänomen waren und zudem in größeren Familienverbänden des ruandischen Königreichs Loyalitäten existierten, denen ein höherer Wert als der Status von Hutu oder Tutsi beigemessen wurde, geriet darüber in Vergessenheit oder gar nicht erst in den außerruandischen Vorstellungshorizont.

Als ab 1898 zuerst die Deutschen, ab 1916 dann die Belgier Kolonialherren in Ruanda und Burundi waren, war deren Vorgehen darum vorgezeichnet. Die zweifellos vorhandene und vielfach beschriebene drückende Ungleichheit zwischen Hutu und Tutsi erfuhr eine ausschließlich rassische Interpretation, mit den Tutsi als den natürlichen Erfüllungsgehilfen der neuen Herren (nicht alle Tutsi selbstverständlich, schließlich gab es auch arme unter ihnen, sondern die monarchische Elite und deren Umfeld) und der vergleichsweise großen Zahl der Hutu als den eigentlichen Objekten der Kolonisierung. Das entsprechende Modell nannte sich »indirekte Herrschaft« (*administration indirecte*) und bedeutete konkret: Die existierenden Sozial- und Herrschaftsstrukturen blieben unangetastet, über den Herrschaftsverband des *Mwami* wölbte sich die Kolonialmacht und beeinflusste, möglichst unauffällig, aber gleichwohl den eigenen Vorteil im Auge behaltend, dessen Handeln. Was lag auch aus Sicht der Kolonialherren näher, als die angenommene rassische Überlegenheit des *Mwami* und seiner Ethnie und deren tatsächliche militärische und politische Dominanz für die Verwaltung des Kolonialgebiets zu nutzen. Vorsichtige Reformen beseitigten zwar gegen Ende der 1920er Jahre die Einrichtungen des *ubuhake* und *uburetwa*, doch wenige Jahre später wurde, als das Ergebnis einer Volkszählung, die Ausweispflicht eingeführt. Darin musste fortan angegeben werden, welcher Ethnie der Ausweisinhaber angehörte. Die ethnische Spaltung des Landes war damit administrativ beglaubigt, zugleich hatte die eindeutige Konnotierung der Begriffe »Hutu« und »Tutsi« quasi Gesetzeskraft erlangt. Alles das, was europäische Reisende und Missionare berichtet und verstanden hatten, entsprach nun offiziell der Wahrheit.

Die Tutsi Ruandas, oder genauer gesagt: die Wohlhabenden und Einflussreichen unter ihnen, begrüßten die Anerkennung ihrer Dominanz, die sie, davon waren sie überzeugt, zum Wohle aller Ruander ausgeübt hatten und auch künftig, unter dem kolonialen Schutzschirm, ausüben würden. Nicht zufrieden waren, aus nachvollziehbaren Gründen, die Hutu. Nahmen sie anfangs die mit ihrer Ethnie verbundene niedere soziale Stellung noch widerstrebend hin, so änderte sich das mit dem Einsetzen der Emanzipationsbewegungen in den afrikanischen Kolonien, da sie die Sensibilität für bestehende Ungerechtigkeiten erhöhte (gegen Ende der 1950er Jahre waren zum Beispiel von den 45 Leitern [*chefs*] der größten Verwaltungseinheiten Ruandas 43 Tutsi, von den 559 Verwaltungseinheiten eine Stufe darunter [*sous-chefs*] 549). Der Unmut innerhalb der Hutu-Bevölkerung wuchs zusehends, eine Mobilisierung der Öffentlichkeit durch Hutu begann, die, da für sie der Zugang zu staatlichen Einrichtungen wegen ihrer ethnischen Zugehörigkeit begrenzt war, an Schulen und in Seminaren der Katholischen Kirche gelernt und studiert hatten. Die Kritik blieb nicht ohne Wirkung. Der belgische Vize-Generalgouverneur Jean-Paul Harroy zeigte mehr und mehr Verständnis für die Forderungen der Hutu, und auch die Katholische Kirche stellte sich nach der Amtseinführung des neuen apostolischen Vikars Monseigneur Perraudin 1955 immer offener auf die Seite der Hutu.

Beflügelt von dieser Unterstützung, veröffentlichten neun Hutu, fast alle ehemalige Seminaristen, im März 1957 ein

Manifest, das eine Zäsur in der jüngeren ruandischen Geschichte darstellen sollte. Überschrieben war es mit »Bemerkung über den sozialen Aspekt des Rassenproblems in Ruanda« und gab damit Ton und Inhalt der nunmehr öffentlichen Auseinandersetzung vor. Denn natürlich konnten die Tutsi der Behauptung, in Ruanda habe sich die Haltung mental verfestigt, dass die Eliten des Landes nur aus »hamitischen Kreisen« (*rangs hamites*) stammten, es daher eigentlich zwei Völker gebe, von denen das eine der innere Kolonialherr des anderen sei, nichts abgewinnen. Doch die soziale Realität brach sich scharf an den hilflos wirkenden Appellen zur Wahrung der Einheit aller Ruander unter dem *Mwami*, und da die Kolonialmacht Belgien und die Katholische Kirche aus machtpolitischen Interessen eindeutig Partei für die Hutu nahmen, überschlugen sich nun die Ereignisse. Neu zugelassene Parteien konstituierten sich sogleich nach ethnischen Kriterien, die Parteiprogramme wurden immer radikaler, bald kam es zu den ersten Morden. Während Tutsi-Politiker für eine möglichst schnelle Loslösung von Belgien und – zum Ziele des eigenen Machterhalts – für die Einführung einer konstitutionellen Monarchie eintraten, forderten die Wortführer der Hutu eine »soziale Revolution«, das heißt die Teilhabe an der Macht und, mit dem absehbaren Ende der Kolonialzeit, die Macht schlechthin.

Eine »soziale Revolution« war die Umkehrung der Machtverhältnisse, die sich zu jener Zeit in Ruanda vollzog, in der Tat, zugleich ist dieser Ausdruck aber auch ein Euphemismus für das, was außerdem noch geschah. Den ersten politisch motivierten Morden folgten weitere Gewaltaktionen. Morde an Hutu-Politikern wurden mit einem Massenmord an Tutsi beantwortet, Tausende von Hütten, in denen Tutsi lebten, wurden in Brand gesetzt und ihre Bewohner vertrieben. Der Unmut und – nach den ersten Morden – die Wut und der Hass der Hutu richteten sich nicht nur gegen Tutsi, die Machtpositionen innehatten. Zum Feind der großen

Mehrheit der Ruander wurden jetzt alle Tutsi (etwa fünf-zehn Prozent der seinerzeit etwa drei Millionen Einwoh-nern Ruandas), auch wenn sie nur einfache Bauern wie die Hutu selbst waren. Sie galten als Teil des königlichen und kolonialen Machtsystems, als Bedrohung für die noch junge und fragile Hutu-Identität, die mit allen Mitteln, Gewalt ein-geschlossen, geschützt werden musste.

Im Januar 1961 riefen Hutu-Politiker die Republik aus, erklärten den *Mwami* für abgesetzt und die Monarchie sowie all ihre Institutionen und Symbole für abgeschafft. Die neue Verfassung vom 28. Januar 1961 unterstrich dies noch einmal, indem sie in der Präambel das Ziel formulierte, »*de libérer le peuple du joug féodal et colonial*« (»das Volk vom Joch des Feudalismus und des Kolonialismus zu befreien«). Erster Präsident des ab dem 1. Juli 1962 unabhängigen Ruanda wurde Grégoire Kayibanda, einer der Autoren des »Hutu-Manifests«, der inzwischen zum bekanntesten Füh-rer der Hutu-Bewegung avanciert war.

Innerhalb von ein paar Jahren hatte sich der ruandische Staat also fundamental geändert. Die neue Elite kam aus den Reihen der Benachteiligten von gestern, und die Elite von gestern (sowie die mit ihr assoziierte Bevölkerungs-gruppe) war nunmehr nur noch geduldet, solange sie sich loyal zur Hutu-Republik verhielt. Doch das Verständnis von »loyal« wurde höchst einseitig und pauschal bestimmt: Auf-grund der Gewalttätigkeiten, die mit der »sozialen Revo-lution« einhergingen, hatten etwa 150.000 Tutsi das Land verlassen und waren nach Uganda, Tansania, Burundi und Zaire geflüchtet. Ihre Versuche, die Rückkehr durch mili-tärische Angriffe gewaltsam zu erzwingen, waren seitens der Hutu-Regierung ebenfalls mit militärischer Gewalt abgewehrt worden. Gleichzeitig hatte sie es zugelassen und sogar gefördert, dass die noch in Ruanda lebenden Tutsi aus Rache und Vergeltung für die Angriffe der Exil-Tutsi zu Hun-derten und Tausenden umgebracht wurden.

Auch wenn in der zweiten Hälfte der Regierungszeit Kayibandas (1962–1973) die Angriffe von außen deutlich nachließen, an dem »Hutismus« in Ruanda änderte sich nichts. Er blieb das bestimmende Merkmal der neuen ruandischen Identität, die offensiv in Frage zu stellen bei Strafe der vollständigen Vernichtung der Tutsi (so sinngemäß Kayibanda Ende 1964 in einer Warnung an die Tutsi im Exil) verboten war. Dass die Warnung sehr ernst zu nehmen war, wurde in den folgenden Jahren mehrfach unterstrichen, zuletzt 1973 so sehr, dass der Staat in dem allgegenwärtigen Klima der Verdächtigungen und Verfolgungen beinahe kollabierte. Für eine Gruppe von Offizieren aus dem Norden des Landes war das der Auslöser, den Sturz des Staatspräsidenten zu betreiben. Die Vorwürfe, die sie gegen Kayibanda erhoben, lauteten: Korruption, Nepotismus sowie Gefährdung der ruandischen Einheit durch Anti-Tutsi-Rassismus. 1974 wurde Kayibanda von einem Militärgericht wegen der Verfolgung der Tutsi zum Tode verurteilt, später wurde die Strafe in eine lebenslange Freiheitsstrafe umgewandelt.

Die neue Regierung unter dem Hutu-Präsidenten Juvénal Habyarimana wollte die »soziale Revolution« durch eine »moralische Revolution« ergänzen. Dazu gehörte, neben der Beseitigung von Bereicherung und Protektion aufgrund der regionalen Herkunft (unter Kayibanda wurden bevorzugt Menschen aus dem Zentrum und dem Süden des Landes mit attraktiven Posten versorgt), vor allem die Aufwertung der Tutsi. Sie galten nicht mehr als Rasse hamitischer Herkunft, sondern als eine ethnische Gruppe in Ruanda, das heißt als eine ruandische Minderheit und nicht mehr als Fremde. Durchgesetzt werden sollte diese neue Sichtweise wie auch die gleichmäßige regionale Berücksichtigung bei der Postenbesetzung in Verwaltung und Militär durch ein Quotensystem, welches nach Größe der Ethnie und der regionalen Bevölkerungsdichte gestaltet war (sechzig Prozent aller Posten für »den Norden«, vierzig für »den Süden«; gut neunzig Prozent der Stellen an Schulen, Universitäten, in der Verwaltung und beim Militär für Hutu, etwa zehn Prozent für Tutsi).

Die Wirklichkeit, wie sie sich in den kommenden Jahren darstellte, war jedoch eine völlig andere. Entgegen den programmatischen Aussagen über die künftige Entwicklung unter dem neuen Regime blieben Korruption, Vetternwirtschaft und Klientelismus nicht nur bestehen, sie wurden noch intensiviert und systematisiert. Die politische, militärische und ökonomische Macht lag bald in den Händen einer kleinen Gruppe aus der Heimatregion des neuen Präsidenten Juvénal Habyarimana im Norden des Landes. »*Akazu*« (kleines Haus) wurde diese Gruppe genannt, die sich zunehmend den Staat aneignete und ohne die in Ruanda nichts mehr ging. Begünstigt und verstärkt wurde diese Entwicklung durch eine lückenlose, zentralisierte Verwaltung und ein Ein-Parteien-System. Dem *Mouvement Révolutionnaire National pour le Développement*/MRND (national-revolutionäre Bewegung für Entwicklung) musste jeder Ruander qua Geburt angehören.

Das System schien stabil. Das ethnische Quotensystem funktionierte leidlich, obgleich es unter den Bürgermeistern und Präfekten nicht einen einzigen Tutsi gab (mit Ausnahme des im August 1992 ernannten Präfekten von Butare), unter den Offizieren der Armee und den zwischen 25 und dreißig Ministern nur jeweils einer Tutsi war und sich auch unter den siebzig Abgeordneten nur zwei Tutsi fanden. Allerdings stieg die Zahl der Eheschließungen zwischen Hutu und Tutsi und damit auch die Zahl der Kinder, die aus solchen Ehen hervorgingen und die nicht mehr die charakteristischen Züge einer bestimmten Gruppe trugen oder aber entgegen ihrer physischen Erscheinung – im patrilinearen System Ruandas entschied die Zugehörigkeit des Vaters über die der Kinder – einer anderen Gruppe angehörten. Die Gesellschaft schien befriedet, die Wirtschaft florierte, die Armut ging zurück und Ruanda galt bei den Geberländern in der internationalen Entwicklungshilfe bald als »Modellstaat« in Afrika.

Ende der 1980er Jahre folgte jedoch der wirtschaftliche Einbruch. Kaffee, der 75 Prozent des Außenhandels von Ruanda ausmachte, unterlag einem rasanten Preisverfall. Eine Dürre verwüstete die Ernte. Hunger und Arbeitslosigkeit wurden schnell zu einem Massenphänomen. Zugleich wuchs der Druck der Öffentlichkeit, der Geberländer und der Gläubiger (Internationaler Währungsfonds, Weltbank) auf die Regierung. Reformen wurden verlangt, deren wichtigste die Zulassung von Parteien war, um auf diese Weise, so hoffte man, das korrupte System der Günstlingswirtschaft aufbrechen und das Land mittels der Einführung demokratischer Strukturen wieder stabilisieren zu können. Darüber hinaus sollte erstmals auch die Frage einer Rückkehr der im Exil lebenden Tutsi, deren Zahl sich auf 600.000 bis 700.000 belief, diskutiert werden.

In dieser Phase, in der trotz aller Widrigkeiten erste Fortschritte im Hinblick auf eine mögliche Rückkehr erreicht worden waren und eine Kommission zur Erarbeitung konkreter politischer Reformen eingerichtet worden war, griff am 1. Oktober 1990 von Uganda aus die Befreiungsbewegung *Front Patriotique Rwandais*/FPR (Ruandische Patriotische Front) an.[*] Es gelang ihr, bis kurz vor die Hauptstadt Kigali vorzustoßen, nur belgisch-französische Militärhilfe, verstärkt durch zairische Unterstützung, hielt sie vom weiteren Vorrücken ab. Zwar wäre die Einnahme Kigalis durch die FPR von vielen in Ruanda lebenden Tutsi begrüßt worden, viele fürchteten den Versuch dazu jedoch auch,

---

[*] Angegriffen hat eigentlich die Armée Patriotique Rwandaise (APR), der militärische Arm der FPR. Allgemein werden jedoch die politische Bewegung FPR bzw. deren englische Entsprechung RPF (Rwandan Patriotic Front) als Oberbegriff verwendet.

erinnerten sie sich doch noch gut an die Vernichtungsdrohungen der Vergangenheit. Ein Leben in einem Quotensystem mit der (irgendwann vielleicht) realistischen Aussicht auf dessen Aufhebung erschien vielen lebenswerter als ein Leben begleitet von der Gefahr möglicher Racheakte. Und Racheakte seitens des Habyarimana-Regimes ließen nicht lange auf sich warten. In beinahe unmittelbarer Reaktion auf den FPR-Angriff wurden insbesondere in Kigali, wo es zu Schießereien gekommen war, Tausende Personen festgenommen, in der Mehrzahl Tutsi, doch auch viele Hutu, die der Opposition zugerechnet wurden – Hutu aus dem Zentrum und dem Süden des Landes, das heißt aus den Herkunftsgebieten führender Politiker der Ersten Republik. Hunderte starben im Gefängnis, in den Augen der Opposition und der internationalen Öffentlichkeit hatte das Regime damit erneut sein hässliches, brutales Gesicht gezeigt.

In den Hintergrund geriet darüber, dass der Angriff auf die Nordgrenze Ruandas ein aggressiver Akt und als solcher eine Völkerrechtsverletzung war. Ruanda war ein souveräner Staat und konnte sich auf das Gewaltverbot nach Artikel 2 Absatz 4 der UN-Charta berufen. Obschon es generell nur die Gewalt verbietet, die von einem Staat ausgeht und gegen einen anderen Staat gerichtet ist, erfasst es auch die Fälle, in denen ein Staat den gewaltausübenden Personen erhebliche Ressourcen zur Verfügung stellt wie beispielsweise in Form von sicheren Operationsbasen oder erheblichen Waffenlieferungen. Genau dies ist im Oktober 1990 und in der Folgezeit in Uganda geschehen. Die FPR hatte sich dort gegründet, ihre Mitglieder waren zugleich Mitglieder der *National Resistance Army* (NRA) von Yoweri Museveni (ca. 4000 von 14.000) und hatten diesen 1986 mit an die Macht gebracht. Ein Ruander, Fred Rwigyema, stieg sogar bis zum Generalstabschef der NRA und stellvertretenden Verteidigungsminister Ugandas auf, ein anderer, Paul

Kagame, wurde Leiter des militärischen Nachrichtendienstes. Beider Einfluss sank zwar infolge von Machtkämpfen nach kurzer Zeit wieder, doch die numerische Größe ihrer Armee innerhalb der NRA sowie die vergangene Kampfgemeinschaft lassen, wie im Übrigen auch die USA feststellten, keinen vernünftigen Zweifel an der zumindest bis 1992 dauernden – Anfang 1993 entstand im Norden Ruandas eine »befreite Zone«, die dann der FPR als Rückzugsgebiet diente – direkten Unterstützung Ugandas für die FPR.

Formal begann also die Durchsetzung des »Rechts auf Rückkehr« oder des »Rechts auf Heimat« mit einem massiven Völkerrechtsbruch, gegen den sich Ruanda nach dem Selbstverteidigungsrecht aus Artikel 51 der UN-Charta zur Wehr setzen und gegen den Ruanda, nach derselben Rechtsregel, die Nothilfe verbündeter Staaten beanspruchen durfte. Allerdings nur in dem durch das Recht abgesteckten Rahmen – nicht durch die Begehung neuen Unrechts. Doch eben dazu kam es in Fortsetzung der unseligen, im Oktober 1990 in Kigali wieder aufgegriffenen Tradition, Tutsi im Land kollektiv der Komplizenschaft mit den Angreifern zu beschuldigen. Zwischen Januar und Juni 1991 töteten fanatisierte Hutu auf den Wink offizieller Stellen hin Hunderte, vielleicht weit über tausend Tutsi in verschiedenen Präfekturen im Nordwesten des Landes. Im März 1992 wiederholten sich die Mordaktionen, nunmehr als »Selbstverteidigung« deklariert, im Südosten des Landes unweit der Grenze zu Burundi. Wieder waren die Täter aufgehetzte Hutu, einfache Bauern, wie sie auch die Täter waren in den vielen kleinen Massakern, die sich 1992/93 hier und da im Land ereigneten. Die Letztverantwortung für diese Taten war darum eindeutig, so ein internationaler Untersuchungsbericht im März 1993: Es war die ruandische Regierung, die sie ermöglichte und förderte, und die Opfer waren Opfer geworden, weil sie Tutsi waren und damit als *ibiyitso*, als Verräter, galten. Nur am Rande, in den letzten beiden

Punkten einer langen Auflistung von Gräueltaten, wird auch die FPR der Urheberschaft von Gewalttaten beschuldigt. Ein uneingeschränkter Zugang zu möglichen Zeugen sei nicht möglich gewesen, hieß es zur Erklärung im Bericht.

Heute weiß man – oder kann es in Gesprächen erfahren –, dass die FPR in weit größerem Maße an den Verbrechen beteiligt war und bereitwillig an der weiteren Beschleunigung der Gewaltspirale mitwirkte. Sie agierte nicht so offensichtlich aggressiv und rassistisch wie das Habyarimana-Regime mit der Verkündung der »Zehn Gebote des Hutu« (die jeden engeren Kontakt zu Tutsi als Verrat an der Sache der Hutu brandmarkten) oder der Gründung des Propagandasenders »Radio Télévision Libre des Mille Collines« (RTLM), dafür aber sehr effektiv und zielgerichtet destabilisierend. Es ist auffallend, mit welcher Regelmäßigkeit die FPR militärische Operationen lancierte, nachdem bei Friedensverhandlungen im tansanischen Arusha unter dem Druck der internationalen Gemeinschaft Kompromisse geschlossen werden mussten, und wie umfassend staatliche Institutionen und neugegründete Parteien unterwandert wurden. Ein Zeitzeuge: »Ich war Mitglied in der FPR und zugleich auch in der neuen *Parti Social-Démocrate/* PSD (sozialdemokratische Partei). Und ich kenne sehr viele Tutsi, bei denen das auch der Fall war. Sie waren in der FPR und entweder in der PSD oder in der *Parti Libéral*/PL (liberalen Partei). Wir hatten (...) keine Hoffnung mehr auf eine Reform des Regimes.«

Die Folge waren Aufspaltungen der Parteien in gemäßigte und radikale Flügel (mit FPR-*infiltrés* auf beiden Seiten). Die Regierung und ihr nahe stehende Personen kauften im großen Stil Waffen ein und verteilten sie an die Bevölkerung, angeblich zur Selbstverteidigung, doch wurde die Vernichtungsrhetorik unüberhörbar. Es waren insbesondere drei Faktoren, durch die sie eine zur Tat drängende Dimension erhielt:

- Erstens durch die Unterzeichnung des Friedensvertrages von Arusha im August 1993 auf Drängen der internationalen Gemeinschaft. Dass darin die FPR als Vertragspartei aufgewertet und ihr in Ruanda künftig eine starke Stellung eingeräumt wurde (in der neuen Armee sollten zum Beispiel vierzig Prozent der Soldaten von der FPR gestellt werden, bei den höheren Offizieren waren es fünfzig Prozent), stieß auf erbitterten Widerstand unter extremistischen Hutu, die den Staatspräsidenten Habyarimana schon längst an den Rand gedrängt hatten. Vom Beginn einer Apokalypse sprach in diesem Zusammenhang Théoneste Bagosora, ehemaliger Oberst der ruandischen Armee und einer der Wortführer des *akazu*.

- Zweitens durch die Ermordung des ersten Hutu-Präsidenten Burundis, Melchior Ndadaye, im Oktober 1993 durch extremistische Tutsi. Während der folgenden Massaker an burundischen Hutu flüchteten etwa 350.000 Hutu aus Burundi nach Ruanda, wo viele von ihnen, davon ist auszugehen, auf Rache brannten. Zugleich bekräftigte die Ermordung Ndadayes die verbreitete Meinung in Ruanda, den Tutsi könne nicht vertraut werden. Nie würden sie, so hieß es auch in gemäßigten Kreisen, die Macht mit den Hutu teilen, sondern sie immer zu beherrschen suchen.

- Der dritte Faktor, der erheblich zur Radikalisierung beitrug und den Ruf nach Vergeltung begründete, war die Serie von Massakern und Attentaten an gemäßigten Hutu, die 1993 und in den ersten Monaten des Jahres 1994 begangen wurden. Dass Hutu-Extremisten, jugendliche Selbstverteidigungsgruppen oder Militärs für viele der Taten verantwortlich waren, kann als sicher gelten. In einer ganzen Reihe von Fällen aber gab es klare Hinweise auf eine Urheberschaft der FPR (so bei der Ermordung von Félicien Gatabazi, Generalsekretär der PSD, im Februar 1994) und das reichte, um ihr in der ruandischen öffentlichen Meinung pauschal jede Verantwortung für Morde und Attentate an Hutu zuzuweisen. Für Zwischentöne war kein Raum mehr. In der überaus gewalttätigen Atmosphäre der ersten Monate des Jahres 1994 musste jeder Ruander Position beziehen. Wer sich der *kabuhoza*, der Einheit der Ruander gegen die Bedrohung durch die Exil-Tutsi, verweigerte, galt als Verräter und Feind.

Das war also die Situation im Frühjahr 1994: Ein Land am Rande des Abgrunds, in dem es nur eines Funkens bedurfte, um die Mischung aus Hass, Vergeltungssucht und beiderseitiger Kriegsbereitschaft zur Explosion zu bringen. Dieser Funke wurde dann am Abend des 6. April 1994 entzündet, als das Präsidentenflugzeug beim Landeanflug auf den Flughafen Kigali abgeschossen wurde. Für die Hutu in Ruanda, besonders für die Extremisten unter ihnen, bestand nicht der geringste Zweifel an der Verantwortung der FPR für die Ermordung Habyarimanas. Der Heimtücke der Tutsi und ihrer Helfershelfer, davon waren sie überzeugt, sei erfahrungsgemäß alles zuzutrauen. Und mit dieser Überzeugung begannen die Massaker.

4. Nach dem Völkermord:
Versuche der justiziellen Aufarbeitung

Im Juli 1994 war das Land von der FPR erobert worden, der Völkermord war beendet. Am 4. Juli waren ihre Kämpfer in die Hauptstadt Kigali einmarschiert, am 17. des Monats hatten sie die letzte größere Stadt, Gisenyi im Nordwesten des Landes an der Grenze zu Zaire, besetzt, zwei Tage später hatte die FPR infolge des vollständigen Sieges beschlossen, ihre Kampfaktivitäten einzustellen. Kurz zuvor war bereits Pasteur Bizimungu, ein Hutu aus dem für seine fanatische Hutu-Ideologie berüchtigten Norden, der sich der Tutsi-dominierten FPR angeschlossen hatte, zum Staatspräsidenten des neuen, post-genozidalen Ruanda bestimmt worden. Faustin Twagiramungu, ein Hutu aus dem Süden, der auch in Opposition zum alten Regime gestanden hatte, sollte Premierminister werden. Das Amt des Vizepräsidenten und zugleich Verteidigungsministers sowie Generalstabschefs war Paul Kagame zugedacht worden, dem Chef der FPR und Sieger des Krieges.

Was im Friedensvertrag von Arusha vom August 1993 noch Monate vor dem Völkermord vereinbart worden war, die Machtteilung zwischen Hutu und Tutsi in einer Übergangsregierung, war damit bekräftigt worden. Die Zeichen standen, soweit erkennbar, auf Kooperation und Verständigung. Ein Staat, gegründet auf den Prinzipien der Gewaltenteilung und des Rechts sollte geschaffen werden, unter Beteiligung aller Kräfte und politischer Parteien, die nicht in Völkermord und Massakern verwickelt waren. Aufbau, Versöhnung, Einheit waren die Ziele, denen sich alle verpflichtet fühlten. Eine der ersten Maßnahmen der neuen

Regierung bestand darum darin, in den Ausweisdokumenten den Hinweis auf die ethnische Zugehörigkeit, während des Völkermords von buchstäblich lebensentscheidender Bedeutung, zu streichen.

Der Arusha-Vertrag hatte auch die Einsetzung einer internationalen Kommission vorgesehen, die die während des Krieges begangenen Menschenrechtsverletzungen untersuchen sollte. Jetzt, nach dem Völkermord, sprach niemand mehr von einzelnen Akten der Menschenrechtsverletzung. Jetzt ging es um hunderttausendfachen Mord, um Folter und andere Grausamkeiten, die die menschliche Phantasie sich auszudenken in der Lage ist. Und es ging darum, ein weiteres Verharren des Landes in der Apokalypse zu verhindern.

3,2 Millionen Menschen, fast die Hälfte der Einwohner Ruandas, waren vor den vorrückenden FPR-Kämpfern in die Nachbarstaaten Burundi, Tansania und Zaire geflüchtet, oft nach Gemeinden (*communes*) geordnet und unter Mitnahme öffentlicher Gelder, administrativer Unterlagen und Waffen. Hinter sich gelassen hatten sie ein Land im Schockzustand, ein Land, in dem *bapfuye bahagazi*, wandelnde Tote, umherirrten und Ansammlungen von Geiern und Hunden auf die unzähligen Leichenfelder früherer Massaker hinwiesen. Der Staat Ruanda und mit ihm ein Großteil seiner Bewohner waren verschwunden. Ihn wieder herzustellen und bescheiden funktionsfähig zu halten, würde einen Einsatz von Menschen, Kapital und Material erfordern, der 1994 nicht zur Verfügung stand. Um ein nahe liegendes Beispiel zu wählen: Von den vormals 758 Richtern gab es im November 1994 noch 244, von den siebzig Staatsanwälten noch zwölf und von 631 Mitarbeitern diverser Justizbehörden noch 137. Sie waren überdies in der belgischen Tradition des kontinentaleuropäischen Rechtssystems ausgebildet und sprachen Französisch, was auf den Argwohn der – zumindest auf der Leitungsebene – nahezu ausschließlich anglophonen FPR stieß. Diese hatte schon während des Völkermords gefordert, und die Forderung durch etliche Festnahmen untermauert, dass die für den Völkermord Verantwortlichen vor Gericht gestellt werden müssten – »*to end impunity*«, wie der Slogan in Anspielung auf die Straflosigkeit ethnisch motivierter Straftaten in der ruandischen Vergangenheit lautete – und waren darin von allen Parteien der Übergangsregierung und des Übergangsparlaments unterstützt worden.

Mit diesem Vorsatz standen sie nicht allein. Die internationale Gemeinschaft, augenscheinlich beschämt über ihr Versagen zur Verhütung und Bekämpfung des Völkermords, richtete bereits im November 1994 einen Strafgerichtshof ein, dessen Aufgabe es war, Völkermordverbrechen und »systematische, weitverbreitete und flagrante Verstöße gegen das humanitäre Völkerrecht«, die zwischen dem 1. Januar und dem 31. Dezember 1994 begangen worden waren beziehungsweise noch begangen werden sollten, zu ahnden. Nach dem Willen des UN-Sicherheitsrats sollte sich der Gerichtshof, dem Beispiel des im Mai 1993 geschaffenen Jugoslawien-Tribunals folgend (mit dem er im Übrigen organisatorisch eng verzahnt war), auf ehemals hochrangige, einflussreiche Täter konzentrieren, um durch deren Bestrafung »zur nationalen Aussöhnung wie auch zur Wiederherstellung und Wahrung des Friedens« beizutragen.

Dass Ruanda, das 1994 nichtständiges Mitglied des UN-Sicherheitsrats war, als einziges Mitglied dieses Gremiums gegen die Einsetzung des Ruanda-Tribunals stimmte, mutet vor dem Hintergrund dieser Zielsetzung und etlicher inhaltsgleicher Erklärungen ruandischer Politiker in den Monaten zuvor befremdlich an. Die Gegenstimme markierte einen deutlichen Missklang, der sich in den folgenden Jahren, mal mehr, mal weniger klar vernehmbar, durch das Verhältnis zwischen dem »Internationalen Strafgerichtshof für Ruanda« und Ruanda selbst ziehen sollte. Das Tribunal sei nicht effizient genug, blind für die ruandische Geschichte und Kultur, unsensibel gegenüber den Überlebenden, lauteten die Vorwürfe. Ich werde später noch auf diesen Punkt zurückkommen.

Ende August 1996 wurde vom ruandischen Übergangsparlament das erste Gesetz verabschiedet, das eine strafrechtliche Ahndung von Völkermordverbrechen und Verbrechen gegen die Menschlichkeit ermöglichen sollte. In den gut zwei Jahren, die seit dem Völkermord vergangen waren, war mit Hochdruck an dem Wiederaufbau der Justiz gearbeitet, waren Staatsanwälte und Richter ausgebildet worden und hatten in Kigali Konferenzen stattgefunden, die internationales Wissen über den Umgang mit Massenverbrechen vermitteln wollten. Das Gesetz wies die Verfahren noch zu bildenden Sonderkammern bei den ordentlichen Gerichten und den Militärgerichten zu. Die Tatverdächtigen wurden je nach Tatschwere in vier Kategorien eingeteilt, vom Organisator des Völkermords und Massenmörder über den einfachen Mörder und Schläger bis hinunter zum Plünderer. Die Höchststrafe konnte auf Tod lauten, doch bestand generell die Möglichkeit, die Strafe durch ein frühes Geständnis erheblich zu mildern, im günstigsten Fall sollte zum Beispiel ein Mörder nur eine Freiheitsstrafe von sieben Jahren erhalten. »Durch ein System, das geringe Strafen für geständige Verdächtige vorsah, sollte dazu beigetragen werden, die Wahrheit über das, was zwischen 1990 und 1994 geschehen war, herauszufinden«, meinte dazu Martin Ngoga, von Juli 2006 bis Oktober 2013 Generalstaatsanwalt von Ruanda, und im Hinblick auf die Kategorisierung der Täter fügte er hinzu, »sie berücksichtigte den Umstand, dass zwar die Beteiligung der Bevölkerung am Völkermord sehr hoch gewesen war, doch nur eine kleine Zahl von Führern den Völkermord geplant und dazu aufgerufen hatte. Die Kategorisierung der Verdächtigen entsprach dem Grad ihrer Verantwortlichkeit für begangene Verbrechen.«

Unumstritten war der justizielle Weg, trotz regelmäßiger Bekenntnisse zur einheits- und friedensbildenden Kraft der Justiz, nicht. Besonders die Strafmilderungen wurden von Überlebenden und Abgeordneten als viel zu großzügig, als nur notdürftig kaschierte Form der Amnestie kritisiert. Sie forderten höhere Strafen vor allem für Völkermordverbrechen, da diese nicht mit Verbrechen gegen die Menschlichkeit, die aus anderen Gründen als der ethnischen Vernichtung begangen worden waren, gleichgestellt werden dürften. Wie um diese Stimmen zu besänftigen, boten die ruandischen Justizbehörden der Öffentlichkeit am 24. April 1998 ein besonderes Schauspiel: 21 Männer und eine Frau wurden auf Plätzen oder in Stadien im Norden, Süden, Osten und Westen des Landes erschossen. Sie waren von den Sonderkammern in Gerichtsverfahren, die in aller Kürze eine vorher feststehende Schuld bestätigten, zum Tode verurteilt worden. »Die Verabreichung einer schmerzhaften Medizin war nötig, um unsere kranke Gesellschaft zu heilen; es war eine Demonstration für alle, dass die Tage der Straflosigkeit vorüber waren und jeder sich seiner Verbrechen stellen musste«, lautete der entsprechende Kommentar in einer der neuen Zeitungen, und schmerzhaft, wenn auch nicht in durchweg lebensverkürzender Finalität, war die Medizin allemal. Für die Hälfte der etwa 1200 Personen, die sich zwischen Dezember 1996 und Dezember 1998 vor Gericht zu verantworten hatten, lautete das Urteil auf Tod (achtzehn Prozent) oder lebenslange Inhaftierung (32 Prozent). Fast ein Fünftel der Angeklagten (siebzehn Prozent) war immerhin freigesprochen worden, was als Beleg dafür angeführt wurde, dass die ruandische Justiz keinesfalls, wie von exilruandischen Kreisen in Europa und Nordamerika behauptet, eine Rachejustiz sei. Sie habe beachtliche Fortschritte gemacht und die Verfahren entsprächen internationalen Standards, hieß es in einem UN-Bericht.

Damit war das Thema abgeschlossen, zunächst zumindest, und das Augenmerk konnte auf ein anderes Problem gerichtet werden, das täglich größer wurde. Nach Ruanda zurückkehrende Hutu-Flüchtlinge, die der Teilnahme am Völkermord beschuldigt wurden, ließen die Zahl der Gefängnisinsassen rasant steigen. Über 120.000 waren es um die Jahrtausendwende, zehnmal mehr, als Haftraum in den ohnehin desolaten ruandischen Gefängnissen vorhanden war. Weiterhin ausschließlich auf die Tätigkeit der Sonderkammern zu setzen, wäre einem Todesurteil für die allermeisten Häftlinge gleichgekommen. Selbst wenn die durchschnittliche Zahl von jährlich rund 600 Verfahren um ein Mehrfaches erhöht worden wäre, hätte es leicht länger als ein Menschenleben gedauert, bis alle Verfahren eröffnet worden wären. Eine Lösung für diese menschenunwürdige Situation musste gefunden werden und man fand sie schließlich in der ruandischen Geschichte. »Gacaca« lautete das Zauberwort, das nicht nur die schnelle Schaffung vieler tausend Gerichte garantieren, sondern auch den Prozess der Einigung und Versöhnung unter den Ruandern beschleunigen und zugleich festigen sollte. »Die Wahrheit über all das herauszufinden, was in Ruanda geschehen ist: wer 1994 in welcher Zelle lebte, wer dort nicht mehr lebt, wer getötet worden ist, wer getötet hat, was zerstört worden ist, usw.«, das sei, gefolgt von der Bestrafung der Hauptverantwortlichen und der Beschleunigung der Prozesse, das oberste Ziel der zu reaktivierenden Gacaca-Justiz, wie ein Minister Ende 1999 erklärte. Inhaltlich orientierte sich das Gacaca-Gesetz vom 26. Januar 2001 an die Kompetenzen der Sonderkammern, das heißt, wie diese sollten die Gacaca-Gerichte die mutmaßlichen Täter von Völkermordverbrechen und Verbrechen gegen die Menschlichkeit kategorisieren und bestrafen und dabei die Einsicht in das begangene Unrecht mit weitreichenden Strafnachlässen belohnen. Zwei gewichtige Unterschiede gab es allerdings:

Die Richter und – erstmals in der Geschichte der Gacaca-Justiz – Richterinnen waren keine Berufs-, sondern Laienrichter, und einen Staatsanwalt beziehungsweise Verteidiger gab es nicht. Die lokale Bevölkerung, mit Tat und Tatort vertraut, sollte be- oder entlastende Informationen liefern, die von ihr gewählten Richter sollten das Urteil sprechen.

So weit wie die Quellen aus präkolonialer Zeit Auskunft geben, war Gacaca eine Einrichtung, die der einvernehmlichen Streitschlichtung diente. Sie gehorchte keinen festen Regeln, unterstand keiner zeitlichen Vorgabe und kannte weder ein individualisiertes Verständnis von Täterschaft noch eine klare Unterscheidung zwischen Verfahrensbeteiligten, Zeugen und Zuhörerschaft. Sie war eine partizipative Justiz, die unter dem Vorsitz eines *Inyangamugayo*, eines allseits geachteten Mannes, und in einem Prozess von Rede und Gegenrede einen Konflikt so zu lösen versuchte, dass der Frieden innerhalb der Gruppe – gewöhnlich eine Großfamilie oder ein Clan – wieder hergestellt war. Das war möglich, weil die Autorität von Gacaca auf der Einsicht in die Notwendigkeit einer intakten Gemeinschaft gründete. *Ubuntu* wurde diese wechselseitige Abhängigkeit zwischen dem Einzelnen und der Gemeinschaft genannt, ihre Beachtung genoss unbedingten Vorrang vor einer Bestrafung. Dieses Verständnis galt auch bei schwerwiegenderen Verbrechen, wenngleich Gacaca meist bei kleineren Delikten wie Beleidigung oder Körperverletzung oder bei Streitigkeiten über Grundstücks-, Erb- oder sonstigen Vertragsfragen Anwendung fand. Bei Mord oder Taten ähnlicher Schwere (dazu zählte auch Diebstahl) hatte der Verletzte beziehungsweise dessen Gemeinschaft zunächst das Recht der Rache (nur an den männlichen Mitgliedern der Gemeinschaft des Rechtsverletzers), es sei denn, der König (*Mwami*) machte sein Recht, ein Urteil zu fällen, geltend oder er verwies den Fall an ein Gacaca-Gericht, das daraufhin eigenständig und unabhängig tätig wurde. Statt der Leistung von

Schadenersatz oder tätige Wiedergutmachung, die mit dem gemeinschaftlichen Trinken eines Krugs Bananenbier besiegelt wurde, konnte dann – und bei einem Tötungsdelikt war das die angestrebte Ideallösung – eine Heirat zwischen den betroffenen Gemeinschaften arrangiert werden. Kinder aus dieser Verbindung galten als »Ersatz« für die Getöteten.

In der Kolonialzeit verlor Gacaca erheblich an Bedeutung. Mit der Durchsetzung des kolonialen Gewaltmonopols erhielten staatliche Gerichte die Zuständigkeit für die Ahndung von Gewaltkriminalität und größere zivilrechtliche Angelegenheiten. An die Stelle des restaurativen, auf sozialen Ausgleich bedachten Elements trat das retributive, das auf Vergeltung und die abschreckende Wirkung der Strafe setzte. Die informelle Gacaca-Justiz befasste sich nur noch mit dem, was vor allem in ländlichen Gebieten – und das waren die bei weitem größten Teile Ruandas – an kleineren sozialen Konflikten aufbrach, wie in der Vergangenheit mit vornehmlich restaurativer Zielsetzung. Die Verfassung des unabhängigen Ruanda vom November 1962 versuchte, den Rechtsdualismus zwischen staatlichem und traditionellem, informellem Recht zu beenden, indem Letzteres »kodifiziert und mit den Grundprinzipien der Verfassung in Einklang gebracht wird«. Dennoch blieb Gacaca nachweislich bis in die 1980er Jahre hinein eine verbreitete Praxis der Streitschlichtung.

Doch ist daraus auch zu folgern, dass sich der Gacaca-Gedanke einfach auf die Ahndung von Völkermordtaten übertragen lässt, auf Taten also, die im postkolonialen Ruanda zwar nicht unter dem Signum »Völkermord«, aber als immerhin strafbewehrte Taten wie Mord, Vergewaltigung oder Körperverletzung im ruandischen Strafgesetzbuch firmierten? Denn diesen Taten und ihren Rechtsfolgen liegt die im Strafrecht typische Gerechtigkeitsannahme zugrunde, dass Strafe in erster Linie und in Abhängigkeit von der bestehenden Rechtskultur durch ihr Verhältnis zum Tatgewicht bestimmt und am Maß der individuellen Schuld festgemacht wird. Die Aufmerksamkeit richtet sich dabei auf den Täter, das Opfer tritt nur zur Bestimmung der Tat und ihrer Auswirkungen in Erscheinung. Diese Aufspaltung in das Handeln einer Täterpartei und das Leiden einer Opferpartei ist der informellen Justiz wie Gacaca jedoch fremd. Ihr geht es darum, dass alle Beteiligten den eigenen Anteil am Konflikt erkennen und Verantwortung für einen Teil der Lösung übernehmen. Recht ist, was allen recht ist und nicht das, was sich an den Normen eines kodifizierten Rechtssystems, das abstrakt Gleiches gleich behandelt, ausrichten muss und durch eine höhere Instanz hinterfragt werden kann.

In der aktualisierten Form ist Gacaca eine Gerichtsbarkeit geblieben, die sich auf die Weisheit der *Inyangamugayo* stützt, jetzt allerdings ergänzt um weibliche Mitglieder. Auch die lokale Bevölkerung ist anwesend (wiederum sind erstmals Frauen zugelassen), die den Part des Anklägers oder Verteidigers übernimmt. Und zuletzt sind auch die Urteile, die das Gacaca-Gericht fällen kann und soll, solche, die zuallererst auf die Wiederherstellung des Friedens innerhalb der von der Tat betroffenen Gemeinschaft abzielen. Wie schon bei der früheren Form von Gacaca ist dazu eine gewisse Kooperation zwischen Tätern und Opfern notwendig, das heißt, Täter sollen ihre Taten gestehen, das begangene Unrecht anerkennen und um Verzeihung bitten, Opfer sollen Verzeihung gewähren. Je nach Kooperationswilligkeit erhält der Täter dafür eine Strafmilderung, während das Opfer eine Entschädigung durch die gemeinnützige Arbeit (*travaux d'intérêt général*/TIG) erhalten kann, die der einsichtige, kooperationsbereite Täter außerhalb des Gefängnisses erbringt.

Der alte Gacaca-Gedanke ist somit unschwer in dem neuen zu erkennen. Allerdings gibt es auch Unterschiede. Das Verfahren sollte nunmehr formalisiert sein, Regeln sollten aufgestellt werden für den Verfahrensablauf, für den Aufbau und die Strafkompetenz der Gerichte und für die Möglichkeit der Einlegung von Rechtsmitteln. Doch der größte Unterschied war, dass die eigentliche Zuständigkeit der Gacaca-Gerichte jetzt eine sein sollte, die es vormals nur in Ausnahmesituationen gab. Jetzt sollte es fast ausschließlich um Verbrechen gehen, die nach internationalen Abkommen als besonders strafwürdig galten und im ruandischen Strafgesetzbuch zu den schlimmsten gehörten. Die individuell zurechenbare Strafe würde innerhalb eines bestimmten Rahmens vorgegeben und nicht mehr rituell ersetzbar sein, und statt früherer Unabhängigkeit des Gacaca-Gerichts würde der Staat nun durch seine oberste Justizbehörde die Fachaufsicht über die gesamte Gacaca-Justiz ausüben.

Wollte man die Verbindung von altem, traditionellem Recht mit modernen Verbrechenskategorien und ihren Zurechnungsmodalitäten in einen Satz fassen, so könnte man sagen: Ein Völkermord und die ihn begleitenden Verbrechen werden, unter dem wachsamen Auge des Staates und unter Rückgriff auf kulturelle Prägungen, in einer kollektiven justiziellen Anstrengung mit dem Ziel aufgearbeitet, über Strafe beziehungsweise Verzicht auf Strafe das Fundament eines erträglichen Zusammenlebens von Tätern und Opfern herzustellen.

Im November 2002, fünf Monate nach dem offiziellen Beginn der Gacaca-Justiz zur Ahndung von Verbrechen, die zwischen dem 1. Oktober 1990 und dem 31. Dezember 1994 begangen worden waren, wurde ich zum ersten Mal Zeuge einer Gacaca-Verhandlung. Sie fand in Gishamvu statt, der Heimatgemeinde Jean Kambandas, des Premierministers während des Völkermords. Die Verhandlung diente allein der Tatsachenfeststellung, die wiederum Grundlage für die Einordnung des Täters in eine der vier Täterkategorien war. Obwohl Urteile somit noch in weiter Ferne lagen, machte mir die Verhandlung deutlich, wie weit bisweilen der Raum ist, der Theorie und Praxis trennt.

Die beiden Richter, die ich traf, waren wie ihre Kolleginnen und Kollegen der anderen Gacaca-Gerichte von der Bevölkerung gewählt worden, zwei von über 250.000, die in den mehr als 11.000 Gacaca-Gerichten (ein Gericht je Zelle, der niedrigsten Verwaltungseinheit in Ruanda) urteilen sollten. Dass sie nicht am Völkermord beteiligt sein durften, verstand sich von selbst, auch dass Hutu ebenso wie Tutsi *Inyangamugayo* sein konnten. Entscheidend war die individuelle Vorgeschichte, ansonsten galt die Devise »Wir sind alle Ruander«.

Meine beiden Gesprächspartner waren Hutu, in Gishamvu geboren und wussten genau, was in den 1990er Jahren bis hin zum Völkermord in ihrer Gemeinde geschehen war. Jetzt stehen sie am Rande des Dorfplatzes und warten darauf, dass die Bevölkerung zur ersten Gacaca-Verhandlung eintrifft. Die ruandische Nationalflagge, in der Mitte des Platzes an einem Mast hochgezogen, kündigt davon, dass hier bald ein hoheitlicher Akt vollzogen wird. »Ich bin sicher, dass Gacaca die richtige Lösung ist«, meint Amadou H. »Die Menschen hier haben alles gesehen, sie wissen, wer was gemacht hat. Es liegt jetzt an ihnen, darüber zu sprechen. Sie waren vorher keine Monster und sind es jetzt auch nicht. Sie sind beeinflusst worden von denen, die den Völkermord wollten.« Sein Richterkollege Johani B. fügt hinzu: »Ja, diejenigen, die den Völkermord geplant haben, sind die wirklich Verantwortlichen, die andern waren ihre Instrumente. Doch auch als Instrumente haben sie schlimme Dinge getan und das müssen sie gestehen. Dann entscheiden wir, wie wir sie verurteilen werden. Die Strafe muss nicht unbedingt eine Gefängnisstrafe sein, viel wichtiger ist, dass wir zusammensitzen und eine Lösung finden, die von allen als gerecht empfunden wird.«

Bevor sie Gacaca-Richter werden konnten, mussten Amadou H. und Johani B. in einem einwöchigen Schnellkurs lernen, wie ein Gacaca-Prozess strukturiert ist, was bei der Verhandlungsführung zu beachten ist, wie ein Urteil abgefasst sein muss und natürlich: Welche Strafen überhaupt verhängt werden dürfen und wann am besten auf eine Bestrafung verzichtet werden sollte. Der Schnellkurs für die Gacaca-Richter stand am Ende eines Programms, das zunächst die justizielle Spitze des Landes in den verschiedenen Aspekten der neuen Gacaca-Justiz unterwies, diese dann als Lehrer für Juristen niederer Instanzen und Jura-Studenten in den Abschlusssemestern einsetzte, die ihrerseits die späteren Gacaca-Richter und -Richterinnen unterrichteten. Was Gacaca war, welches Ziel es verfolgte und wie es umgesetzt werden sollte, war so allen ruandischen Juristen bekannt. Denen, die es konkret anwenden sollten, waren der Inhalt einzelner Verfahrensschritte und die Erwartung, die sie an die Kooperationswilligkeit der lokalen Bevölkerung stellen durften, noch durch Zeichnungen veranschaulicht worden.

»Ja, wir wissen Bescheid«, erklären denn auch unisono Amadou H. und Johani B. »Und die Menschen hier sind sich auch darüber im Klaren, was von ihnen erwartet wird«, sagen sie noch, bevor sie sie sich auf eine Bank hinter einem Tisch setzen, an dem mittlerweile schon ihre Richterkollegen Platz genommen haben. Ihnen gegenüber, in einem Abstand von zirka fünf Metern, sitzt die erste Reihe der Dorfbevölkerung, halblinks sitzen die Angeklagten, drei Männer in rosafarbener Gefängniskleidung, zwischen dreißig und vierzig Jahren alt. Sie hatten bereits eine *présentation* durchlaufen, öffentlich ihre Taten gestanden und haben somit auch eine Akte. Neben ihnen sitzt noch eine Frau, ebenfalls mittleren Alters, allerdings in normaler Kleidung.

Um 11.30 Uhr beginnt die Verhandlung. Alle Anwesenden erheben sich und gedenken in einer Schweigeminute der Toten des Völkermords. Der Vorsitzende des Gacaca-Gerichts teilt mit, was Inhalt der Verhandlung sein wird, nämlich die Tatvorwürfe gegen die anwesenden Angeklagten und die Feststellung möglicher weiterer Verbrechen, die während des Völkermords im Dorfgebiet begangen wurden. Er fordert Disziplinwahrung für die Dauer der Verhandlung. Sprechen dürfe nur, wer sich vorher gemeldet habe, und das auch nur zur Sache. Ausuferndes Gerede werde er nicht akzeptieren. Im Übrigen weise er darauf hin, dass niemand die Gacaca-Verhandlung vor ihrem Ende verlassen dürfe.

Mit einer Handbewegung erteilt er sodann dem Gerichtssekretär das Wort, der in sehr gedrängter Form die bisher bekannten Anklagen verliest: Damscène R. soll im April 1994, mit einem Gewehr bewaffnet, viele Tutsi erschossen haben. Die Tutsi waren in die Kirche von Nyumba geflüchtet, wo sie sicher zu sein glaubten. Zusammen mit anderen Tätern ist Damscène R. zur Kirche gefahren und hat das Feuer auf die Flüchtlinge eröffnet. Anasthase N. hat ein junges Mädchen geschlagen und gezwungen, ihm das Versteck seiner Familie zu zeigen. Danach hat er das Mädchen getötet. Emmanuel B. ist angeklagt, mehrere Tutsi ermordet zu haben, unter ihnen zwei Kinder, deren Leichen er in eine Latrine warf.

Alle Anklagen werden bestätigt. Eine Frau erhebt sich – sie ist, da aus Gishamvu und am Leben, aller Wahrscheinlichkeit nach Hutu – und erzählt, wie sie Damascène N. vor der Kirche gesehen hat. Sie könne sich noch genau erinnern, wie er eine Frau erschossen habe, denn die Kugel sei haarscharf an ihrem eigenen Kopf vorbeigeflogen. Wieder eine andere Zeugin, auch sie Hutu, berichtet, dass das junge Mädchen, das Anasthase N. umgebracht habe, von diesem vor dessen Tod so geschlagen worden sei, dass es vier Zähne verloren habe. Anasthase N. sei in einer Gruppe gewesen, die Jagd auf Tutsi gemacht habe. Das bekräftigt auch eine andere Zeugin, die ihn mehrfach bei Mordaktionen gesehen haben will. Zum Beweis zeigt sie ihr stark vernarbtes rechtes Knie. »Hier hat er mich mit einer Machete verletzt. Außerdem hat er mir noch mein Geld gestohlen.« Dann melden sich noch Zeugen, die beobachtet haben, wie der dritte Angeklagte Emmanuel B. mit den Kindern verschwunden sei. Auch er sei nicht allein gewesen. Zwei andere Männer, Jean-Pierre M. und Claude K., hätten ihn begleitet, und sie, die Zeugen, wüssten auch, dass die drei zusammen noch mehr Morde begangen hätten, an Kindern und Erwachsenen.

Der Sekretär notiert die Namen der eben Beschuldigten, um sie später mit den Listen Inhaftierter abgleichen zu können. Die Frau in Alltagskleidung sitzt immer noch neben den drei Angeklagten, als der Gerichts-Vorsitzende sich ihr zuwendet, ihren Namen – Agnès A. nennt – und sagt, dass sie an der Ermordung von fünf Tutsi beteiligt gewesen sein soll. Er verliest die Namen der Ermordeten – sie scheinen in Gishamvu bekannt gewesen zu sein – und fragt, wer zu einem der Fälle etwas sagen könne. Das können sehr viele. Etliche Zeugen melden sich und erzählen, was sie von der Ermordeten wissen. Niemand jedoch beschuldigt Agnès A. Andere Namen fallen und werden wieder von dem Gerichtssekretär notiert, der von Agnès A. ist nicht darunter. »Ich bin unschuldig«, sagt sie. »Ich bin nicht mal in der Lage, rohes Fleisch zu kaufen und zuzubereiten, wie soll ich dann einen Menschen getötet haben. Was mir vorgeworfen wird, ist falsch. Ich kann schon deshalb nichts gemacht haben, weil mein rechter Arm während des Völkermords gebrochenen war.«

Vereinzelt ist zustimmendes Murmeln zu hören, das aber folgenlos bleibt. Weder wird Agnès A. freigelassen, noch ist von den Richtern ein Hinweis auf eine in dieser Sache zu treffende Maßnahme zu hören. Über vier Stunden Verhandlung in der nachmittäglichen Hitze fordern ihren Preis. Einige Richter haben erkennbar Mühe, wach zu bleiben oder konzentriert zu wirken. Überhaupt ist die Atmosphäre ganz anders, als man angesichts der im Raum stehenden

Tatvorwürfe vermuten sollte. Schon vor Beginn der Verhandlung fand ein reger Austausch zwischen den Angeklagten und Männern und Frauen aus der Dorfbevölkerung statt. Auch während der Verhandlung gab es Zurufe und Gelächter, und was aus den Gesichtern der vielen sprach, die schweigend zusahen, kann nur gemutmaßt werden. Sie saßen dort und ließen keine Gefühlsregung erkennen. Es war, als ob sich vor ihren Augen ein Spektakel abspielte, das ein fernes Ereignis betraf und in dem nur der Zufall darüber entschied, wer in anderer Kleidung auf der anderen Seite sitzt. So gesehen passte es zum Gesamteindruck, dass plötzlich ein heftiger Regen einsetzte und alle, ohne Instruktionen des Gacaca-Vorsitzenden abzuwarten, nach Hause eilten.

5. Wie Staat und Wirtschaft
auf ein neues Fundament gestellt werden sollten

Ende 2000 war, wie im Friedensvertrag von Arusha vorgesehen, eine Verfassungskommission unter Vorsitz eines füh-
renden FPR-Politikers eingesetzt worden. Sie hatte die Aufgabe, aus dem Konglomerat an gesetzlichen Bestimmungen,
die Ruanda mit in die neue Zeit genommen hatte, diejenigen
herauszufiltern, die Teil einer künftigen Verfassung sein
sollten. Außerdem und vor allem aber sollte die Kommission Vorschläge für Verfassungsbestimmungen ausarbeiten,
die die Lehre aus den Erfahrungen der jüngsten Vergangenheit spiegeln und ein erneutes Versinken Ruandas in
völkermörderische Gewalt unmöglich machen. Der Verfassungsentwurf sollte dann per Referendum zur Abstimmung
gestellt werden und den Weg zu Präsidentschafts- und
Parlamentswahlen öffnen – zwei Wahlen, die das Ende der
Übergangszeit und zugleich den Beginn einer neuen Staat-
lichkeit markieren sollten.

Als die Verfassungskommission ihre Arbeit aufnahm,
geschah dies in einem Prozess, der sehr an das Verfahren
zur Reaktivierung der Gacaca-Justiz erinnerte. Von oben
nach unten, von der Spitze der Ministerien bis hinunter
zur Verwaltungsebene des Sektors (es gab 1545 Sektoren),
fanden Informationsveranstaltungen statt, wurde um An-
regung gebeten und zur Förderung des Dialogs die Botschaft
übermittelt, dass die neue Verfassung eine Verfassung »des
Volkes für das Volk« sein werde. Anders als früher, als den
Ruandern die jeweiligen Verfassungen übergestülpt worden
seien, solle die Bevölkerung sich jetzt mit ihr identifizieren
können. Auf international besetzten Konferenzen wurden

verschiedene Entwürfe diskutiert und nach einem kurzen Zwischenstopp im Übergangsparlament, in dem nur marginale Änderungen vorgenommen wurden, wurde der Verfassungsentwurf dann zur landesweiten Abstimmung gestellt. An dieser nahmen am 26. Mai 2003 87 Prozent der 3,7 Millionen Wahlberechtigten teil, von denen sich 93 Prozent für die Annahme des Verfassungsentwurfs aussprachen.

Am 4. Juni 2003 trat die neue Verfassung in Kraft. Eingeleitet wird sie durch eine Präambel, die in zwölf Absätzen die Leitgedanken der folgenden 203 Artikel auflistet. An der Spitze steht die Erinnerung an den Völkermord und das durch ihn hervorgerufene Leid, gefolgt von der Beschwörung der Entschlossenheit, jede Form der genozidalen Ideologie und Volksverhetzung zu bekämpfen und von dem dringlichen Hinweis auf die Notwendigkeit, die nationale Einheit und Versöhnung zu fördern und zu festigen. Dann wird das Ziel genannt, einen Rechtsstaat zu errichten, in dem die Grundrechte und Grundfreiheiten garantiert sind, es eine pluralistische Demokratie und Gewaltenteilung gibt und der der Erkenntnis verpflichtet ist, dass alle Ruander, vereint in demselben Land, in derselben Sprache, derselben Kultur und einer langen gemeinsamen Geschichte, ihre Zukunft konstruktiv gestalten sollen. Maßstab dabei soll die strikte Beachtung von Vereinbarungen zum Schutz der Menschenrechte sein, wie sie in verbindlichen völkerrechtlichen Verträgen – sie werden im Einzelnen aufgezählt – niedergelegt sind.

Von den eigentlichen Verfassungsbestimmungen wären die Grundprinzipien des Staates zu nennen, unter denen der Kampf gegen »die Ideologie des Genozids und alle ihre Erscheinungsformen« die oberste Priorität hat. Demzufolge stehen auch die Grundrechte und Grundpflichten der Menschen und Bürger unter dem Vorbehalt, dass durch sie keiner Leugnung oder Verharmlosung des Völkermords Vorschub geleistet werden darf. Unter dem gleichen Vorbehalt stehen auch die politischen Parteien. Zu diesem Zweck ist unter anderem die Einrichtung eines »Forums der politischen Parteien« vorgesehen, das als Instanz für die Diskussion wichtiger nationaler Fragen und als Förderer der nationalen Einheit dienen soll. Die dominantere Funktion in der staatlichen Organisation Ruandas hat gleichwohl der Staatspräsident inne. Seine Kompetenzen erinnern an ein Präsidialsystem französischer Prägung. Zur Vermeidung von Machtmissbrauch wie infolge der tendenziell lebenszeitlichen Mandate der Staatspräsidenten im alten Ruanda ist er künftig in allgemeiner Wahl für eine Amtszeit von höchstens zweimal sieben Jahren wählbar.

Das größere Gegengewicht zur Macht des Präsidenten ist nach dem Verfassungswortlaut die Judikative. Sie bindet alle Gewalten, ist unabhängig sowie finanziell und administrativ autonom. Außerdem ist sie zweigeteilt, nämlich in den Bereich der ordentlichen Gerichtsbarkeit und der Sondergerichtsbarkeit. Zu Letzterer gehört auch die Gacaca-Justiz. Als Instrument der versöhnenden, einheitsfördernden Justiz wird sie am Schluss der Verfassung um Institutionen ergänzt, die wie sie dazu beitragen sollen, die Leitgedanken der Präambel Wirklichkeit werden zu lassen. Zu diesen Institutionen gehören die Nationale Kommission für Menschenrechte, die Nationale Kommission für Einheit und Versöhnung und die Nationale Kommission für den Kampf gegen den Genozid.

Wie passt zu dieser Aufzählung und zur Verfassung insgesamt das plötzliche Verschwinden von Menschen? Wie passen dazu willkürliche Verhaftungen oder die Unterdrückung von Meinungsäußerungen? Genau das passierte nämlich im Frühjahr 2003, als sich Ruanda anschickte, das Fundament eines neuen Staates zu legen. Menschen verschwanden oder wurden unter dubiosen Umständen inhaftiert, Kritik an der Übergangspolitik in die Ecke staats- und versöhnungsgefährdender Hetze gedrängt. Wie so oft, wenn unter der Oberfläche des Lebensalltags Missstände existieren, die dem Blick des noch unerfahrenen Beobachters unsichtbar bleiben oder sich ihm nicht in ihrer zusammenhängenden Bedeutung erschließen, war es ein einzelnes Ereignis, das den Blick schärfte und Zusammenhänge offen legte. Am 23. April 2003, einen Monat vor dem Verfassungsreferendum, war gemeldet worden, dass ein Mann namens Augustin Cyiza nach einer Vorlesung, die er an einer Universität in Kigali gehalten habe, nicht nach Hause zurückgekehrt sei. Cyiza war ein 48-jähriger Jurist, der in der Habyarimana-Armee bis in die Position eines Majors aufgerückt war und Ruanda bei den Friedensverhandlungen in Arusha vertreten hatte. Nach dem Völkermord war er, da er zu den sogenannten gemäßigten Hutu gehört und vielen Tutsi das Leben gerettet hatte, in die neue ruandische Armee übernommen worden. Er wurde zum Oberstleutnant befördert und zum Vizepräsidenten des Obersten Gerichtshofs ernannt. Sein Ruf war der eines unbestechlichen Richters, der nur dem Gesetz und seinem Gewissen unterworfen Recht spricht. Das machte ihn auch in der Zeit des politischen Übergangs zu einer moralischen Instanz, zu einem gesuchten Gesprächspartner von Menschenrechtsorganisationen und Botschafter der Belange der Hutu, die in Opposition zum Habyarimana-Regime gestanden hatten.

Was sein Schicksal war, blieb unbekannt, wie auch das Schicksal eines Studenten, eines Tutsi aus dem Kongo, der mit ihm im Auto unterwegs gewesen war. Offiziellen Ermittlungsergebnissen, wonach Augustin Cyiza das Land verlassen haben soll, wurde allgemein kein Glauben geschenkt. Augustin Cyiza war, so im Mai 2003 nahezu jede Meinung außer der offiziell vertretenen, beseitigt worden, weil er dem Wiederaufbau Ruandas, wie er von den Protagonisten der Übergangsperiode geplant worden war, im Wege gestanden haben soll. Hatte nicht Kagame noch in einer öffentlichen Rede wenige Monate vorher unmissverständliche

Drohungen gegen jene ausgestoßen, die die Unumkehrbarkeit der 1994 eingeleiteten Veränderungen nicht verstehen wollten? War nicht mit großer Härte gegen jedes Anzeichen einer Opposition vorgegangen worden, angefangen von der Entlassung, Vertreibung und Inhaftierung missliebiger Minister, Premierminister und sogar eines Staatspräsidenten (Pasteur Bizimungu, vom 19. Juli 1994 bis 23. März 2000 Staatspräsident, dann zum Rücktritt gezwungen und im April 2002 verhaftet) bis hin zur ihrer mutmaßlichen Ermordung (so die von Seth Sendashonga, der 1994/95 Innenminister war, nach Kenia ins Exil gehen musste und dort im Mai 1998 erschossen wurde)? Und sollte nicht nach der Empfehlung einer parlamentarischen Untersuchungskommission vom April 2003 die Partei *Mouvement Démocratique Républicain* (demokratische republikanische Bewegung), seit 1994 mit der FPR und anderen Parteien kontinuierlich in der Übergangsregierung und im Übergangsparlament vertreten und ein Schwergewicht in der Parteienlandschaft, wegen ihrer plötzlich festgestellten angeblich spalterischen, auf Ethnie und Region setzenden Politik kurz vor den ersten Präsidentschafts- und Parlamentswahlen verboten werden?

Gründe genug, um prima facie einen krassen Widerspruch zur Verfassung und vielleicht sogar eine in deren Gestalt wohlklingend inszenierte Maskierung eines platten Alleinherrschaftsanspruchs zu konstatieren. Aber es gab auch Hoffnung. Sie gründete in erster Linie darauf, dass die Wahlen, die nach dem Verfassungsreferendum stattfinden sollten, Paul Kagame und seiner FPR eine Mehrheit bringen würden, groß genug, um Opposition zulassen zu können.

Die Mehrheit erhielt der FPR-Kandidat Paul Kagame bei der Präsidentschaftswahl am 25. August 2003 tatsächlich, und zwar eine gewaltige Mehrheit. 95 Prozent der fast vier Millionen Wahlberechtigten – die Wahlbeteiligung lag bei 96,55 Prozent – hatten ihm ihre Stimme gegeben. Sein größter Konkurrent, der frühere Premierminister Faustin Twagiramungu, erhielt nur 3,62 Prozent der Stimmen. Und bei den Parlamentswahlen am folgenden 30. September wählten fast 74 Prozent der Ruanderinnen und Ruander ein von der FPR angeführtes und aus vier weiteren Parteien bestehendes Wahlbündnis, gut zwölf Prozent wählten die sozialdemokratische Partei PSD (*Parti Social Démocrate*) und 10,5 Prozent die liberale Partei PL (*Parti Libéral*), die beide dem Bündnis nicht angehörten. Schon einen Tag vorher waren in indirekter Wahl ein Parlamentssitz für die Behinderten und zwei für die Jugend Ruandas besetzt worden. Am 2. Oktober sollten dann 24 Frauen in ebenfalls indirekter Wahl gewählt werden sowie ein großer Teil der insgesamt 26 Senatoren des Senats, der zweiten Kammer des Parlaments. Überall wurde die FPR zur mit Abstand stärksten Kraft.

Als dann noch der langjährige Interims-Premierminister Bernard Makuza, ein Hutu, zum neuen Regierungschef ernannt wurde, das künftige Kabinett eine ganze Reihe aus der Übergangszeit bekannte Hutu-Politiker aufwies und die FPR trotz ihres Wahlerfolgs die Fünfzig-Prozent-Regel bei der Besetzung der Ministerposten respektierte (eine Partei durfte nicht mehr als die Hälfte der Minister stellen), schien der Eintritt in eine innenpolitische Entspannungsphase nicht nur möglich, sondern auch wahrscheinlich. Warum sollte, angesichts dieses internen wie externen Zuspruchs und der solcherart dokumentierten Stabilität, die Staatsmacht nicht auf Skeptiker oder Kritiker zugehen und konziliant für das eigene politische und soziale Projekt werben?

Die Antwort ist: weil die Wahlsiege längst nicht so fulminant waren wie dargestellt. Die schon im jeweiligen Wahlkampf bald unübersehbar gewordenen Hinweise auf eine mediale und finanzielle Sonderstellung der FPR verdichteten sich nach den Wahlen zu Vorwürfen der Wahlfälschung und des massiven Wahlbetrugs. Während die

Wahlbeobachtergruppe der Afrikanischen Union im Großen und Ganzen mit dem Verlauf der Präsidentschaftswahlen zufrieden war und lediglich »kleinere Unregelmäßigkeiten« wie zum Beispiel die nicht ausreichende Versiegelung der Wahlurnen monierte, beklagten die Wahlbeobachter der Europäischen Union unter anderem eine »massive und einschüchternde Präsenz« von Vertretern der FPR in den Wahlbüros und eine »undurchsichtige Erfassung und Weitergabe der Wahlergebnisse«. Dieselben Vorwürfe wiederholten sie nach den Parlamentswahlen. Die ruandische Wahlkommission reagierte darauf mit heftiger Kritik, indem sie in einer ganzen Artikelserie in regierungsnahen Presseorganen den EU-Wahlbeobachtern eine unzulässige Einmischung in die inneren Angelegenheiten Ruandas und die offene Parteinahme für den Kagame-Kontrahenten Faustin Twagiramungu vorwarf. Die Wahlergebnisse durften nicht bezweifelt werden, es doch zu tun, kam, dem schrillen Ton der Kritik nach zu urteilen, einer Verunglimpfung des neuen Ruanda gleich.

Dabei hatten die EU-Wahlbeobachter durchaus Recht. Der einzige Vorwurf, der ihnen zu machen gewesen wäre, war der, mit ihrer Kritik noch weit hinter der Wahrheit zurückgeblieben zu sein: Die Wahlzettel waren, wie aus eigenem Anschein in vielen Wahlbüros festgestellt, beinahe durchsichtig, unschwer konnten die anwesenden Herren – zumeist Vertreter der FPR oder Offizielle der Sektor- und Distriktverwaltung – erkennen, wer wo sein Zeichen machte. Das Wahlgeheimnis existierte nicht, die gesamte Atmosphäre in den Wahlbüros wies eindeutig darauf hin, dass die »Kultur der Solidarität«, von der Kagame des Öfteren gesprochen hatte, alles andere als ein altruistischer Appell war, sondern weit eher eine knallharte Aufforderung zur politischen Folgsamkeit. Hier als Lokalpolitiker zu versagen, also den Sektor oder Distrikt nicht ausweislich des Wählervotums überzeugend auf die gewünschte Spur gebracht zu haben, konnte böse Konsequenzen haben. Die Eilfertigkeit der Offiziellen, an Wahlfälschungen teilzunehmen oder diese zu initiieren, war jedenfalls eine weit verbreitete Erscheinung. Wahlzettel wurden vernichtet und durch neue und bereits markierte ersetzt, ganze Urnen wurden gegen andere, zuvor mit dem gewünschten Inhalt gefüllte ausgetauscht und später dann Zählungen für das internationale Wahlbeobachterpublikum inszeniert. »Wir haben den Inhalt etlicher Urnen verbrannt«, erzählten mir und anderen europäischen Beobachtern Ruander aus verschiedenen Sektoren in den Provinzen Kibuye und Cyangugu, die beide als Hochburgen Faustin Twagiramungus galten, dem Übergangspräsidenten und neuen Staatspräsidenten Paul Kagame aber ein Ergebnis von 97 respektive 99 Prozent brachten.

Mit anderen Worten: Die Ergebnisse der Präsidentschaftswahl und der Parlamentswahlen spiegelten in keiner Weise den Grad der tatsächlichen Zustimmung zu einem Kandidaten oder einer Partei wider. Die Staatsmacht wollte sicher gehen, auch künftig die Staatsmacht zu sein, und dieser Wille wurde bereitwillig umgesetzt. Das Erstaunliche dabei ist: Auch ohne Manipulationen hätten Paul Kagame und die FPR die Wahlen gewonnen, sechzig Prozent der Stimmen galten unter Beobachtern vor Ort als durchaus realistischer Wert. Die Mehrheit der Ruanderinnen und Ruander wollte stabile Verhältnisse, keinesfalls sollten sich unterschiedliche politische Strömungen in blutige Feindschaft verstricken wie in den Jahren vor dem Völkermord. Warum also trotzdem die Manipulationen? Weil die Staatsmacht nach eigenem Verständnis einen Anspruch auf totale Unterstützung hatte. Sie hatte das Land befreit und war dadurch für die Gestaltung der Zukunft des Landes legitimiert worden, ohne Abstriche oder Konzessionen. Dieses Selbstbild musste in das Nationalgefühl der ruandischen Bevölkerung eingehen, in der Unbedingtheit des Anspruchs einer Wahrheit vergleichbar, die nur in einer bestimmten Totalität eine Wahrheit ist und bei kleinsten Erschütterungen aufhört, eine zu sein, weil sie unangenehmen, womöglich gefährlichen Fragen weichen muss. Gefordert war ein Bekenntnis zur *rwandité*, zu einer besonderen ruandischen Identität, in der all das zusammenläuft und die eine Intensität entwickelt, die eine Wiederholung vergangener Fehler vermeiden hilft. Nach den Worten von Fatuma Ndangiza, der Vorsitzenden der Einheits- und Versöhnungskommission CNUR, sei ein täglicher Kampf zu führen, in dem sich das Wirken der Staatsführung von oben mit dem von vertrauensvoller Überzeugung geleiteten Engagement von unten symbiotisch verbänden. Anders ausgedrückt, die Politik des neuen Ruanda sollte von den Menschen im Land nicht einfach nur hingenommen oder gar nur ertragen werden, sie sollten ihr aus Erkenntnis und mit Selbstbewusstsein zustimmen. Angestrebt war die Einheit von Führung und Volk.

Wie aber war dieses Ziel zu erreichen? Appelle allein würden nicht ausreichend sein, nötig wären auch Erinnerung und Unterrichtung durch Veranschaulichung. Mit Verfügung vom 26. Dezember 2003 legte Staatspräsident Kagame daher fest, dass der 1. Februar eines jeden Jahres als *National Heroes' Day*, als arbeitsfreier Feiertag zum Gedenken an die Helden Ruandas, begangen werden sollte. Das gleiche sollte für den 4. Juli gelten. An diesem Tag, dem *Liberation Day*, sollte künftig offiziell und ungestört durch Arbeitsverpflichtungen der Befreiung des Landes von den Kolonialherren gedacht werden. Als weiterer Gedenktag, der jedoch nicht in den Rang eines arbeitsfreien Feiertags erhoben wurde, kam dann noch der *Patriotism Day* hinzu. Zum Zeichen des patriotischen Kampfes gegen Ausgrenzung und Unterdrückung sollte er jährlich am 1. Oktober, dem Tag, an dem die FPR den Kampf gegen das Habyarimana-Regime aufnahm, begangen werden.

Das verbindende Element zwischen allen drei Tagen war unschwer zu erkennen. Es war das des Helden, der, getrieben von seiner moralischen Überzeugung, handelt, auch wenn das Handeln seinen Tod bedeutet. In Artikelserien und mehrseitigen Beilagen wurden ab 2005 jeweils zum 1. Februar, 4. Juli und 1. Oktober Lebensläufe bekannter Kämpfer dargestellt, Fotoreihen dokumentierten Szenen aus dem Befreiungskampf. Ausführlich wurden Episoden heldenhaften Verhaltens auch unbekannter Ruanderinnen und Ruander beschrieben und Passagen aus Ansprachen zitiert, die dieses Verhalten wegen seiner vorbildlichen Beispielhaftigkeit zu den Stützpfeilern Ruandas erklärten. Ein Held oder eine Heldin setzt lieber sein oder ihr Leben aufs Spiel, als eine Ungerechtigkeit hinzunehmen, lautet die Botschaft. Ihr Engagement zur Beseitigung einer unerträglichen Situation verdient Achtung, in öffentlichen Diskussionen soll es analysiert und verständlich gemacht werden, damit der Wunsch, vielleicht auch das Bedürfnis entsteht, ihnen nachzueifern. Auf diese Weise soll die Achtung für Helden zu einem Anspruch des »gewöhnlichen Ruanders« gegenüber sich selbst werden, indem die moralische Tat und nicht das Dulden von Unrecht und Leid zum Maßstab wird.

Nachdem eine Kommission die historischen Helden Ruandas identifiziert und deren Taten herausgestellt hatte (zu ihnen gehörte auch die ehemalige Premierministerin Agathe Uwilingiyimana, die am 7. April 1994 umgebracht worden war), wurden am 7. Juli 2005 in einer Zeremonie im *Amahoro*-Stadion von Kigali erstmals Personen noch zu ihren Lebzeiten als Helden ausgezeichnet. Staatspräsident Paul Kagame erhielt zwei Auszeichnungen, eine, so hieß es, für seinen selbstlosen Einsatz im Befreiungskrieg, eine für die Beendigung des Völkermords. Beide Auszeichnungen stünden, sagte der Laudator bei der Verleihung, auf einer Stufe mit dem traditionellen *Gucana-uruti*-Ring, den frühere

Könige zum Zeichen eines erfolgreichen Feldzugs erhalten hätten. Neben Kagame wurden noch neun weitere Soldatinnen und Soldaten wegen ihres Kampfes gegen das alte Regime geehrt.

Im Jahr darauf fanden zum *Liberation Day* wieder Ehrungen statt, allerdings in viel größerer Zahl. Über 7000 Soldatinnen und Soldaten erhielten eine Medaille für ihren Einsatz zum Schutz verfolgter Tutsi und für die Befreiung des Landes. Darüber hinaus wurden, ein Novum in der Auszeichnungspolitik, fünfzehn Frauen ausgezeichnet, alle Hutu, die 1994 Tutsi vor der tödlichen Verfolgung beschützt hatten. Überraschend kam das nicht, denn einer der höchsten Richter Ruandas hatte bereits in der nationalen Trauerwoche nach dem 7. April eine Anerkennung der Hutu gefordert, die verfolgten Tutsi zu Hilfe gekommen waren. Jetzt konnten die ersten vor einem großen Publikum ihre Geschichte erzählen und mit ihrer Person Zeugnis ablegen davon, dass trotz eines enormen Drucks Widerstand möglich gewesen war.

Allerdings war der Grat der Anerkennung schmal. Die Opferverbände *Ibuka* und *Avega* zeigten sich zögerlich in der Anerkennung von Hutu-Rettern, eine Regierungsbehörde überprüfte die Kandidaten auf ihre politische Eignung. Plötzliche Bewertungsänderungen waren nicht ausgeschlossen. So war am 3. und 4. April 2005 in Kigali ein Film gezeigt worden, der vom Völkermord in Ruanda handelte. »Hotel Rwanda« lautete sein Titel. Es war nicht die erste filmische Befassung mit dem Thema, aber es war die erste, die – ausgestattet mit einem Budget in Hollywood-Dimension, verantwortet von einem erfolgreichen Regisseur und gespielt von weltbekannten Schauspielern – eine große Publikumswirkung erwarten ließ, und zwar weltweit. Denn die Geschichte des Völkermords war darin verdichtet worden auf die Geschichte des Hotelmanagers Paul Rusesabagina und der von ihm möglich gemachten Rettung von über eintausend Tutsi im Hotel *Mille Collines* in Kigali. In Ruanda nun sollte sie zu Beginn ihrer internationalen Vermarktung eine Art Begutachtung erfahren. Am 3. April vor einem kleinen Kreis, zu dem auch Staatspräsident Kagame zählte, im Hotel *Intercontinental*, am 4. April vor der ruandischen Bevölkerung im *Amahoro*-Stadion. Und die Begutachtung verlief ausgesprochen positiv. Der Film halte die Erinnerung wach, er zeige das Scheitern unserer Gesellschaft und des internationalen Systems. Die Menschen könnten Lehren daraus ziehen, meinte Kagame nach der Vorführung. Ein anderer Politiker ergänzte, er wünsche, dass der Film von möglichst vielen Menschen gesehen werde, denn er lehre uns eine wichtige Lektion. Damit war der Ton vorgegeben, der auch in den folgenden Monaten die Kritik am Film bestimmte. Besonders ins Gewicht fiel, dass Menschen, die im *Mille Collines* Zuflucht gefunden hatten, das Bild, das der Film vom Hotelmanager gezeichnet hatte, bestätigten. »Er hat es verdient«, freute sich eine Frau. Ein Hotelangestellter, selbst Tutsi, meinte schlicht: »Monsieur Paul hat sein Leben aufs Spiel gesetzt« und die Senatorin Odette Nyiramilimo antwortete auf die Frage, wem sie ihr Leben verdanke, ebenso schlicht und kurz: »erstens Gott und zweitens Paul«. Kam also, im Ruanda des Jahres 2005, das Gespräch auf »Helden«, »Gerechte« oder »Retter«, war der erste Name, der gewöhnlich genannt wurde, der Name Paul Rusesabagina.

Das änderte sich schlagartig 2006, genauer gesagt im April des Jahres, als im englischen Sprachraum die Autobiographie Paul Rusesabaginas – er lebte zu jener Zeit in Belgien und den USA – erschien (*An Ordinary Man. The True Story Behind »Hotel Rwanda«*, die deutsche Übersetzung *Ein gewöhnlicher Mensch. Die Geschichte hinter »Hotel Ruanda«* erschien kurz darauf). Darin beschreibt er seine Herkunft – sein Vater war Hutu, seine Mutter Tutsi, er selbst galt folglich als Hutu – und seine Kindheit und Jugend in einem Ruanda, das vom Hutu-Tutsi-Gegensatz geprägt und in dem seit der Unabhängigkeit die Ausgrenzung und Verfolgung der Tutsi eine mehr oder weniger deutliche Konstante war. Den größten Raum in der Erinnerung nehmen erwartungsgemäß die Vorgeschichte des Völkermords und dessen Verlauf aus der Sicht eines Mannes ein, der sich bis zur Selbstaufgabe für die Flüchtlinge im hoffnungslos überfüllten *Mille Collines* eingesetzt hat. Mit Erfolg, wie er nicht ohne Stolz vermerkt. Nicht einer der 1268 Menschen sei getötet, entführt, verletzt oder auch nur geschlagen worden. Doch dann, am Ende seiner Autobiographie, nachdem er kurz seinen Lebensweg nach 1994 skizziert hat, kommt er auf das Ruanda der Gegenwart zu sprechen. Seine Meinung ist eindeutig: es ist ein autoritäres Regime, ja eine Diktatur. Eine kleine Tutsi-Elite habe sich das Land angeeignet und herrsche nun wie frühere Regime anderer ethnischer Zughörigkeit. »Wir haben die Tänzer ausgetauscht, die Musik ist gleich geblieben«, lautet sein Fazit.

Die Reaktionen in Ruanda ließen nicht auf sich warten. Eine der Ersten, die reagierten, war die Senatorin Odette Nyiramilimo. »Er nutzt den Film, um Lügen über Ruanda zu verbreiten und die neu gewonnene Einheit der Ruander durcheinander zu bringen«, sagte sie, auf das Buch angesprochen. Präsident Kagame sah in ihm einen abgefeimten falschen Helden und der *Ibuka*-Vorsitzende forderte gar, Rusesabagina wegen Volksverhetzung unter Anklage zu stellen. Als der so Attackierte seine Kritik wiederholte und das Gewicht der Ehrungen, die ihm außerhalb Ruandas in Anerkennung seiner Rettungstat verliehen worden waren, nutzte, um in zahlreichen Interviews das internationale Gericht in Arusha zu Ermittlungen gegen die FPR aufzufordern, wurde der Ton der ruandischen Reaktion noch einmal schärfer und persönlicher. In einer über das Jahr 2007 erscheinenden Artikelserie beleuchteten die Autoren jede Phase im Leben Rusesabaginas, er erschien als ein Ausbund an moralischer Verkommenheit. Dass er einen Hutu-Vater und eine Tutsi-Mutter gehabt habe und seine Frau Tutsi sei (fast alle Familienmitglieder des Ehepaars Rusesabagina waren im und nach dem Völkermord umgebracht worden), spreche nicht für eine Gegnerschaft zur Völkermordideologie, denn es habe Fälle gegeben, in denen der Tutsi-Teil eines Ehepaars vom anderen Teil getötet worden sei. Dass die Menschen im Hotel überlebt hätten, heiße gar nichts, denn schließlich hätten viele von ihnen auch für den Hotelaufenthalt bezahlen müssen. Und dass Paul Rusesabagina mit dem Geld, das ihm Film, Buch und Auszeichnungen eingebracht hätten, im Ausland eine Stiftung zur Unterstützung ruandischer Waisen gegründet habe, schließe überhaupt nicht aus, dass davon nicht auch Waffen gekauft würden, um Ruanda-feindliche Kräfte im Ostkongo damit zu versorgen. Ruchlos schlachte er den Völkermord zu finanziellen Zwecken aus, schlussfolgerte ein vernichtender Zeitungskommentar. Aus einem humanitätsbeseelten Helden war ein menschenverachtender Zyniker geworden, für den es definitiv keinen Platz mehr in Ruanda geben würde.

An dieser Stelle unvermittelt auf den Aspekt des wirtschaftlichen Neuaufbaus Ruandas überzugehen, wirkt möglicherweise wie ein Bruch in der Darstellung. Doch gehört die Wirtschaft wie auch die Politik und Justiz zu den selbstverständlichen Bestandteilen des staatlichen Neuaufbau-Projekts nach dem Völkermord. Wie diese steht sie auch unter dem Signum der totalen Planung und Steuerung. *Social engineering* lautete der Begriff, mit dem der Prozess später bezeichnet werden sollte. Wie am Reißbrett wurde entworfen und umgesetzt, ob es sich um die Auslegung von Geschichte, die Benennung von Recht und Unrecht oder das staatliche Selbstverständnis handelte, oder eben um wirtschaftliche Fragen. »Vision 2020« hieß das Programm, das die Grundlinien der Entwicklung Ruandas bis zum Jahr 2020 vorgab. Die Ausgangsbedingungen waren vergleichsweise ungünstig. Eine nennenswerte Industrie gab es in Ruanda nicht, das Gros des Bruttoinlandsprodukts wurde im Agrarsektor erwirtschaftet, Hauptexportprodukte waren Kaffee, Tee und Bananen. Im Dienstleistungssektor gewann der Tourismus, begünstigt durch das relativ dichte und gut ausgebaute Straßennetz, allmählich an Bedeutung, bewegte sich aber Anfang der 2000er Jahre immer noch auf bescheidenem Niveau. Da ohne Meereszugang, waren in Ruanda die Transportwege lang und die Transportkosten folglich hoch (die Entfernung zu den Hafenstädten am Indischen Ozean beträgt gut 1500 Straßenkilometer, bis zum Atlantischen Ozean sind es mehr als 2000 Kilometer). Die Handelsbeziehungen zu den Nachbarstaaten konnten diesen Nachteil nicht ausgleichen, da es sich auch bei ihnen um wirtschaftlich sehr schwache Staaten (Burundi, Demokratische Republik Kongo) beziehungsweise um solche Volkswirtschaften (Kenia, Uganda, Tansania) handelte, die wegen der eigenen landwirtschaftlichen Leistung keinen Bedarf an ruandischen Exportgütern hatten. Ruanda gehörte 2005 zu den am wenigsten entwickelten Ländern (*least developed countries*), ohne massive ausländische Finanzhilfe, gepaart mit eigenen Anstrengungen, würde sich daran auch nichts ändern.

Von Vorteil für die »Vision 2020« war zunächst die Größe Ruandas. Von Nord nach Süd nur zirka 230 und von West nach Ost nur gut 300 Kilometer messend, dazu mit einer immer weiter verbesserten Infrastruktur versehen, bot es für ein Land gute Voraussetzungen, um Reformmaßnahmen energisch anzugehen. Das Verbot der Herstellung und Nutzung von Verpackungs- und Transportmaterialien aus Polyethylen (Folien, Plastiktüten und Plastiktatschen) konnte jedenfalls, als es Anfang 2005 aus Umweltschutzgründen erlassen wurde, in kürzester Zeit und nachprüfbar durchgesetzt werden. So sollte es danach auch mit der Korruption geschehen. Berichte über aufgedeckte Korruptionsfälle, selbst aus höchsten Kreisen der Macht, rissen nicht ab und zeitigten in der Regel eine schnellen Reaktion (Arbeitsplatzverlust, Verhaftung, Verurteilung). »Seine Nation baut auf, wer Steuern zahlt«, verkündeten Transparente und Schilder im Land. Aufrichtigkeit sowie Verantwortungsbewusstsein wurden immer stärker zu Schlüsselbegriffen der »Vision 2020«. Jeder an seinem Platz und nach seinen Kräften, dabei solidarisch mit allen anderen im Prozess des Umbaus des ruandischen Staates, das war das wichtigste Instrument für die Realisierung der »Vision 2020«. Und am Ende wäre erreicht, was in der Einleitung zur Präsentation der »Vision 2020« beschrieben wurde als »eine moderne, starke und geeinte Nation, stolz auf ihre fundamentalen Werte, politisch stabil und frei von Diskriminierung«.

Dass das nicht als bloßes Wortgeklingel gemeint war, zeigte ein auf fast dreißig Seiten entwickelter Plan, der in kurz-, mittel- und langfristig zu erreichende Ziele aufgeteilt war und sich auf sechs Säulen stützte, die ihrerseits wieder auf drei Grundentscheidungen basierten. Diese Grundentscheidungen waren: Herstellung einer Geschlechtergleichheit, Umweltschutz und nachhaltiges Ressourcenmanagement, Hinwendung zu Wissenschaft und Technologie, einschließlich der Informations- und Kommunikationstechnologie. Die sechs Säulen, in die die grundsätzlichen Entscheidungen jeweils einfließen sollten und die Rahmen und Inhalt des künftigen Handelns absteckten, nannten sich: gute Regierungsführung und ein leistungsfähiger Staat, Förderung der Human-Ressource und wissensbasierte Wirtschaft, Dominanz des Privatsektors in der Wirtschaft, Infrastrukturentwicklung, produktive und marktorientierte Landwirtschaft, wirtschaftliche Integration auf regionaler und internationaler Ebene. Kurzfristig sollte es darum gehen, unter Berücksichtigung all dieser Faktoren die Abhängigkeit von ausländischer Hilfe zu reduzieren, und zwar durch Stärkung der einheimischen Wirtschaft und Erhöhung der Exporte,

beides begleitet von der Schaffung eines investitionsfreund-
lichen Klimas. Mittelfristig sollte zudem der verstärkte Aufbau des Dienstleistungssektors in den Vordergrund rücken,
der große mehrsprachige Bevölkerungsanteil und die güns-
tige geographische Lage an der Nahtstelle zwischen Zentral-
und Ostafrika, zwischen der anglophonen und der franko-
phonen Welt, nutzbar gemacht werden für die Herstellung
einer attraktiven Infrastruktur. Und langfristig wurde die
Herausbildung eines ruandischen Unternehmertums angestrebt, das, beflügelt von der Möglichkeit ungehinderter
Profitmaximierung, Wohlstand, Arbeitsplätze und Innova-
tionsfähigkeit sichern sollte.

In konkreten Zahlen ausgedrückt, bedeutete das: Aus-
gehend von den im Jahr 2005 verfügbaren Zahlen und unter
der Annahme eines Bevölkerungszuwachses von jährlich
durchschnittlich 2,7 Prozent bis 2020 (von 8,65 Millionen
Einwohnern auf 12,9), würde das anvisierte Bruttoinlandsprodukt von 230 US-Dollar auf 875 US-Dollar steigen. Das
hierzu erforderliche Wirtschaftswachstum läge bei mindestens sieben Prozent jährlich, doch würde es nicht mehr wie
bisher primär in der Landwirtschaft, gefolgt vom Dienstleistungssektor und der Industrie erwirtschaftet werden,
sondern umgekehrt: mit 42 Prozent wäre 2020 der Beitrag
zum Bruttoinlandsprodukt im Dienstleistungsbereich am
höchsten, während der Anteil der Landwirtschaft lediglich
33 Prozent betrüge und der industrielle Sektor einen leichten
Anstieg (von zwanzig auf 26 Prozent) zu verzeichnen hätte.

Ein eindrucksvolles Programm, das auf nicht weniger als
auf eine gewaltige Umgestaltung Ruandas hinauslief. Mit
klaren Vorgaben und, vor allem, durch energisches Handeln sollte das Land Armut und Rückständigkeit überwinden. Die erste Maßnahme, die angegangen wurde, war eine
Verwaltungsreform. Die Verwaltungsangestellten sollten
professioneller und effizienter arbeiten, wozu insbesondere eine der geforderten Tätigkeit entsprechende formale

Qualifikation gehören sollte. Im Gegenzug war den Angestellten eine kräftige Gehaltserhöhung versprochen worden. Damit war Reform zunächst und zwangsläufig gleich-
bedeutend mit personeller Verwaltungsverschlankung,
sprich Entlassungen oder Umsetzungen entsprechend den
tatsächlichen Fähigkeiten. Davon betroffen waren bereits
im Januar 455 Personen aus der Präsidial-, Ministerial- und
Parlamentsverwaltung sowie 293 aus der nächst tiefe-
ren Stufe der Provinzialverwaltung. In der Provinz Butare
erhielten zum Beispiel 31 von 76 Angestellten ein Kündi-
gungsschreiben, in der Provinz Byumba waren es 29 von 74
und in der Provinz Cyangugu sechzig von 105. Und das war
noch nicht alles. Mitte 2005 wurde beschlossen, mit Wirkung vom 1. Januar 2006 die Zahl der Provinzen von elf auf
vier zu reduzieren, wobei die Hauptstadt Kigali eine eigene,
allerdings beträchtlich vergrößerte Provinz bleiben sollte.
Statt nach ihren jeweiligen Hauptstädten sollten die Provinzen nach ihrer geographischen Lage benannt werden,
Nordprovinz, Südprovinz, Westprovinz, Ostprovinz und die
Hauptstadt Kigali. Geführt werden würden sie nicht mehr
von Präfekten, sondern von Gouverneuren, mit Ausnahme
von Kigali, das von einem Bürgermeister oder einer Bürger-
meisterin regiert werden sollte. Außerdem sollte die Zahl
der Distrikte, der unter den Provinzen befindlichen Verwaltungsebene, künftig nur noch dreißig betragen (vorher 106)
und die der darunter liegenden Sektoren nur noch 418 (vorher 1545). Unverändert bleiben sollte mit 9165 lediglich die
Zahl der Zellen, der untersten Verwaltungseinheit.

Nach dem Willen der Regierung – die Bevölkerung wurde
bei den einzelnen Reformschritten nicht befragt – schrieb
sich die gesamte Gebietsreform ein in das Projekt einer
dezentralisierten, transparenteren und effektiveren Verwaltung. Eine möglichst große Kompetenz sollte in allen Berei-
chen und auf allen Stufen dafür sorgen, dass die Bürgerin-
nen und Bürger in ihren Anliegen ernst genommen werden

und ihren Vorstellungen und Wünschen aufgeschlossen und verantwortungsbewusst begegnet wird. Zu diesem Zweck fanden im Frühjahr 2006 Wahlen statt, in denen die Verantwortlichen der verschiedenen Verwaltungseinheiten von der Zelle bis hinauf zur Provinz gewählt wurden. Im Mittelpunkt standen dabei die neu geschaffenen Exekutiv- oder Koordinationskomitees auf Zellen- und Sektorenebene, die über ihre Beauftragten für Entwicklung, Sicherheit, Bildung, Finanzen und soziale Angelegenheiten eine Art Klammer darstellten zwischen einerseits der Bevölkerung, die – an der Basis und sofern älter als achtzehn Jahre – in Zellenräten (*cell councils*) zusammengeschlossen war, und andererseits den Zielen der nationalen Politik. Das Hauptziel war dabei, die Menschen vor Ort in möglichst großem Maße, allerdings innerhalb des in der Hauptstadt abgesteckten Rahmens, zu eigenverantwortlichem Handeln anzuhalten. Allein die Leistung sollte zählen. Entscheidend war der Beitrag für den Fortschritt des Landes, und das in allen Verwaltungseinheiten und in nachprüfbarer Transparenz.

Allerdings: Allein und in einer Nachbarschaft von Staaten, die aus ruandischer Sicht in Verwaltung und Wirtschaft noch dem alten, von vielen Defiziten durchsetzten Denken verhaftet war, musste die Realisierung der Vision 2020 auf zusätzliche Hindernisse stoßen. Insofern war es nur folgerichtig, dass Ruanda auch auf dem Feld der afrikanischen Wirtschafts- und Finanzpolitik ein verstärktes Engagement an den Tag legte. Donald Kaberuka, ruandischer Finanzminister und einer der geistigen Väter der Vision 2020, wurde im Juli 2005 Präsident der Afrikanischen Entwicklungsbank (*African Development Bank*), im Rahmen des COMESA (*Common Market for Eastern and Southern Africa*/Gemeinsamer Markt für das Östliche und Südliche Afrika) drängte Paul Kagame auf die künftige Schaffung einer Zollunion für den Gemeinsamen Markt der ost- und südafrikanischen Länder, ein Ziel, für das die EAC (*East African Community*/

5. Staat und Wirtschaft: ein neues Fundament

Ostafrikanische Gemeinschaft), bestehend aus den Nachbarländern Burundi, Kenia, Tansania und Uganda, eine Art Vorläufer sein sollte. Die offenkundig größte Bedeutung maß Ruanda jedoch einer Initiative bei, die 2001 unter dem Namen *New Partnership for Africa's Development* (NEPAD/ Neue Partnerschaft für Afrikas Entwicklung) aus der Taufe gehoben worden war. Denn sie fungierte nicht nur als Dach von Kagames neuen (wirtschafts)politischen Bemühungen, sie war auch und vor allem Ausweis der nachprüfbaren Ernsthaftigkeit seiner neuen Gesamtpolitik. Zentrales Element von NEPAD war das Prinzip der Eigenverantwortung afrikanischer Politik für afrikanische Belange, das heißt die Emanzipation von westlicher Hilfe bei gleichzeitiger Stärkung der jeweils eigenen Kapazitäten, mithin genau das, was Ruanda mit seiner »Vision 2020« unbedingt erreichen wollte. Störungen durfte es nicht geben. Als 2007 eine Studie der ruandischen Sektion des UN-Entwicklungsprogramms UNDP (*United Nations Development Programme*) erschien, in der kritisch festgestellt wurde, das ruandische Wirtschaftswachstum habe zu einem umfassenden Ungleichgewicht geführt und die Regierungsführung müsse, damit sie die Menschen in Ruanda tatsächlich in den Aufbauprozess einbeziehe, verbessert werden, war die Empörung unter ruandischen Politikern groß. In großer Eile wurden Gegendarstellungen veröffentlicht und die Verantwortlichen abgestraft. Ein neuer, verbesserter Bericht wurde angefordert und geliefert. Schon dessen Einleitung nahm vorweg, was die folgenden 28 Korrekturen und Klarstellungen vermitteln wollten: »In den letzten zehn Jahren hat Ruanda in fast allen Entwicklungsbereichen bedeutende Fortschritte gemacht [...].« Schwachstellen und strukturelle Defizite wurden für inexistent erklärt, Staatspräsident Kagame konnte wieder im Brustton der Überzeugung sagen: »Meine Ziele sind: Effizienz, Performance, Ergebnisse, Gewinne. Für das ›Business‹ Ruanda, für das Volk.«

6. Der Kongo als Objekt der Begierde

Es ist ein offenes Geheimnis in Ruanda, dass die beschleunigte wirtschaftliche Entwicklung des Landes sowie Wohlstand und Reichtum in der Hauptstadt Kigali in ganz engem
Zusammenhang stehen mit den Bodenschätzen im Ostkongo. »Merci Congo« oder »Coltanopolis« (Coltan ist ein
Mineral, das in nahezu jedem elektronischen Gerät zu finden
ist) nennt der Volksmund in Kigali zwei Stadtteile, in denen
auf großen, gepflegten Grundstücken herrschaftliche Villen
stehen – ein augenfälliger Beweis für die systematische Ausplünderung des Ostkongo durch ruandische Militärs in den
Jahren 1996 bis 2002. Eine Klage des Kongo, mit der das
Land eine Verurteilung Ruandas wegen Kriegs- und Menschlichkeitsverbrechen und sogar wegen Völkermordhandlun-
gen erreichen wollte, musste der Internationale Gerichtshof
abweisen, aus formalen Gründen und, so hat es den Anschein,
sehr zum Bedauern der Richter. Die entsprechende Entscheidung erging 2006, in dem Jahr, in dem ein gewisser
Laurent Nkunda in der ostkongolesischen Provinz Nordkivu
mit Unterstützung Ruandas die Rebellenbewegung *Congrès
National pour la Défense du Peuple* (CNDP/Nationalkongress
zur Verteidigung des Volkes) gründete. Und im selben Jahr
erschien auch der Roman »Geheime Melodie« von John le
Carré. Über viele Seiten hinweg liest sich der Roman wie ein
Drehbuch für das, was in den nächsten Jahren im Ostkongo
stattfinden sollte, einschließlich all der Abgefeimtheiten,
zu denen internationale Politik fähig ist, solange sich diese
nicht vor der eigenen Haustür bemerkbar machen.

Der Inhalt des Romans ist, kurz gefasst und unter Auslas-
sung der im Buch ausgiebig ausgebreiteten Liebeswirrnisse,

der folgende: Ein Dolmetscher zentralafrikanischer Herkunft und daher in einer Reihe kaum bekannter Sprachen zuhause, wird, da schon mehrfach für den britischen Geheimdienst tätig, für eine Konferenz verpflichtet, die auf einer Insel irgendwo im Norden Großbritanniens stattfindet. Er soll dort allerdings nicht nur dolmetschen. Wichtiger ist den Organisatoren der Konferenz – eine Gruppe von Geheimdienstlern und Afrikaexperten mit Anbindung an höchste politische Kreise –, dass er ihnen berichtet, was hinter den Kulissen gesprochen, gestritten und konspiriert wird. Es geht nämlich auf der Konferenz um einiges. Ein Land beziehungsweise ein beträchtlicher Teil davon, die aus den Provinzen Nord- und Südkivu bestehende Kivu-Region im Osten der Demokratischen Republik Kongo, soll umgestaltet werden. Unterdrückung, Ausplünderung und Korruption sollen der Vergangenheit angehören und durch eine für die Bevölkerung menschenwürdige Perspektive ersetzt werden. Das alles, da sich die Einheimischen oft genug als unfähig erwiesen haben, unter der notwendigen Führung eines sogenannten Syndikats, zu dem sich die Organisatoren der Konferenz und deren Hintermänner zusammengeschlossen haben. Einer ihrer Vertreter zum zweifelnden Dolmetscher: »Im Kongo herrscht Stillstand. Eine Regierung, die nichts taugt, ein ganzes Land, das auf freie Wahlen wartet. Ob sie stattfinden oder nicht, weiß keiner. Und *wenn* sie stattfinden, geht es den Leuten hinterher wahrscheinlich schlechter als vorher. Es gibt also ein Vakuum. Richtig? [...] Und in dieses Vakuum stoßen wir hinein. Bevor uns einer in die Quere kommt. Denn sie stehen ja alle schon in den Startlöchern, die Amis, die Chinesen, die Franzosen, die Multis. Alle wollen sie noch vor der Wahl einen Fuß in die Tür kriegen. Wir intervenieren und wir *bleiben*. Und diesmal wird der Kongo auf der Siegerseite stehen. [...] Seit fünfhundert Jahren wird der Kongo jetzt schon ausgeblutet [...], von den arabischen Sklavenhändlern, von den anderen afrikanischen Staaten, von den Vereinten Nationen, von der CIA, den Christen, den Belgiern, den Franzosen, den Briten, den Ruandern, den Diamantenkonzernen, den Goldkonzernen, den Mineralienkonzernen, von windigen Geschäftemachern, von den Kleptokraten in Kinshasa, und als nächstes kommen auch noch die Erdölkonzerne hinzu. Höchste Zeit für einen Wechsel, und den werden wir ihnen bescheren.«

Doch dazu bedarf es eines Politikers, der glaubhaft für die neue Botschaft steht und die Menschen in diesem Sinne zu mobilisieren vermag. Die Konferenzorganisatoren glauben, ihn in der Person eines Mannes gefunden zu haben, der *Mwangaza* genannt wird nach einem Swahili-Wort, das »strahlendes Licht« bedeutet. Er ist die Hoffnung vieler Menschen im Osten des Kongo und nach Überzeugung des Syndikats am ehesten in der Lage, die verschiedenen gesellschaftlichen Kräfte konstruktiv zusammenzuführen und die Zukunft des Landes zu gestalten. Noch einmal ein Mitglied des Syndikats: »Wahlen bringen keine Demokratie, sie bringen Chaos. Die Sieger sacken alles ein und verpassen den Verlierern einen Tritt in den Arsch. Die Verlierer schreien Betrug und tauchen in den Dschungel ab. Und da alle sowieso ihre eigene Volksgruppe gewählt haben, fangen wir wieder bei Null an oder noch darunter. Es sei denn, [...] man schafft es, schon im Vorfeld einem gemäßigten Anführer an die Macht zu helfen, der den Wählern seine Botschaft nahe bringt, ihnen beweist, dass seine Methode funktioniert, und damit den Teufelskreis durchbricht. [...] Tja, und das ist der große Plan des Syndikats, und es ist der Plan, für den wir uns hier heute stark machen. Wahlen sind westliche Flachwichserei. Kommen wir ihnen zuvor, bringen wir den richtigen Mann ans Ruder, geben dem Volk zur Abwechslung mal ein ordentliches Stück vom Kuchen und lassen den Frieden ausbrechen. Der normale Multi hat mit den Armen nichts am Hut. Brot für Millionen Hungernde ranschaffen, das ist nicht kosteneffektiv. Die armen Schweine privatisieren und sie verrecken lassen schon. Tja, unser kleines Syndikat denkt das anders. Und der *Mwangaza* denkt auch anders. Sie denken in Richtung Infrastruktur, in Richtung Teilen, in Richtung Nachhaltigkeit.«

Wie bei diesen von nüchterner Weltsicht und hemdsärmeliger Logik gleichermaßen zeugenden Sätzen nicht anders zu erwarten, ist das Unternehmen nicht uneigennützig. »Klar wollen die Investoren was verdienen dabei, und warum auch nicht?«, erklärt denn auch der Syndikatsvertreter dem Dolmetscher ohne Umschweife und fügt hinzu: »Wer das Risiko trägt, dem steht dafür auch etwas zu. Aber es springt immer noch genug für die Heimmannschaft raus, wenn die Aufregung vorbei ist: Schulen, Krankenhäuser, Straßen, sauberes Wasser. Und ein Licht am Ende des Tunnels für die heranwachsende Generation. Haben Sie irgendetwas daran auszusetzen?«

Nein, daran hat der Dolmetscher natürlich nichts auszusetzen, stehen ihm doch das Leid und das Elend, das seine Familie in Afrika erfahren hat, noch deutlich genug vor Augen. Allerdings muss er bald feststellen, dass das Syndikat längst nicht so altruistisch ist, wie es sich präsentiert. Ein Konferenzteilnehmer, der sich den Plänen zur Umgestaltung der Kivu-Region widersetzt, wird in einem Nebenraum mit Elektroschocks gefoltert. Das geschieht quasi nebenbei, wie um in der Konferenzpause die Gelegenheit zu einem Gespräch der besonderen Art zu nutzen, und mit einer erschreckend gefügig machenden Botschaft. Auch werden offensichtlich viele Tote bei der Operation, die den *Mwangaza* an die Macht bringen soll, einkalkuliert, wie überhaupt sich das gesamte Projekt mehr und mehr als eine primär militärische Unternehmung erweist, die sich in nichts von den üblichen, mit Waffengewalt abgesicherten Plünderungen unterscheidet, an denen die jüngste Geschichte des Ostkongo so reich ist. Am Ende scheitert der Plan des

Syndikats, die Akteure vor Ort werden festgenommen, die Geheimdienstler tauchen ab, die Hintermänner wissen von nichts, und das Außenministerium in London versichert »in dem forschen Ton, dessen sich New Labour so gern befleißigt, wenn die Partei sich betont offen geben will: ›Die britische Regierung ist in keiner Weise in die Sache verwickelt, so viel steht fest.‹«

Machen wir nun einen kleinen Zeitsprung, vom Jahr 2006 in das Jahr 2008, und gehen wir zugleich von der Fiktion in die Realität über. Wir befinden uns im Januar 2008 und am 23. dieses Monats haben in Goma, der Hauptstadt der Provinz Nordkivu, die Sprecher der Delegationen einer ungewöhnlich großen Friedenskonferenz – mehr als 1500 Teilnehmerinnen und Teilnehmer hatten zwei Wochen lang in der größten Universität der Stadt konferiert – einen Friedensvertrag unterzeichnet, der in klaren, verifizierbaren Schritten der Gewalt in der Kivu-Region ein Ende setzen sollte. Der Handlungsdruck war groß geworden. Infolge der sich in der zweiten Hälfte 2007 intensivierenden Kämpfe waren weitere 400.000 Menschen aus ihren Häusern, Hütten und Dörfern vertrieben worden und hatte sich die Zahl der Verletzten und Getöteten noch einmal deutlich erhöht. Ein Sieger der Kämpfe war nicht erkennbar. Der kongolesische Staat war zu schwach beziehungsweise die Milizen und Rebellengruppen waren zu stark, und wenn einer Seite eine entscheidende Niederlage drohte, verschoben sich die Allianzen oder intensivierte sich die ausländische Unterstützung, bis das Gleichgewicht und der allseits praktizierte Zugriff auf die Bodenschätze wieder hergestellt waren. Nur die Leidtragenden, das heißt die Zivilbevölkerung und unter ihr vor allem Frauen, Mädchen und Kinder, blieben unverändert betroffen – ein skandalöser, unerträglicher Zustand insbesondere für die überaus aktive kongolesische Zivilgesellschaft. Ihren fortlaufenden Appellen an die verschiedenen Konfliktparteien und dem dadurch bewirkten

6. Der Kongo als Objekt der Begierde

internationalen Druck war es in erster Linie zu verdanken, dass die Konferenz zustande kam.

Der erste Punkt (Artikel I) des Vertrags von Goma benennt das Hauptziel, nämlich sofortige und vollständige Einstellung der aktuellen Kämpfe im Nordkivu und darüber hinaus aller Gewalthandlungen im Kivu-Gebiet. Dann folgt (Artikel II) eine Auflistung der Maßnahmen zur Auflösung der verschiedenen Milizen und Rebellengruppen. Artikel III des Vertrags befasst sich mit humanitären und menschenrechtlichen Erfordernissen, die bei der Behandlung der intern Vertriebenen beachtet werden müssten, und Artikel IV schließlich nennt Maßnahmen, die den Vertrag politisch und justiziell absichern sollten, allen voran eine Amnestie für aufrührerische und hochverräterische Handlungen (dabei dachte man insbesondere an Laurent Nkunda, den Führer des CNDP). Ausgenommen von der Amnestie waren jedoch Kriegsverbrechen, Verbrechen gegen die Menschlichkeit und Völkermord.

Was sich in dem Vertragsdokument so entschlossen ausmachte und von den mehr als zwei Dutzend Delegationsleitern in, so hat es den Anschein, großer Ernsthaftigkeit auf jeder Seite des Vertragsdokuments paraphiert und am Schluss auch von den Beobachtern der internationalen Gemeinschaft mit ihrer Unterschrift bestätigt wurde, sollte indes nicht über das Stadium der schriftlichen Verpflichtung hinauskommen. Und so war auch 2008 die neue Frontstellung in den schon wenige Tage nach Abschluss des Goma-Abkommens aufflackernden Kämpfen wieder die alte: Der CNDP unter Laurent Nkunda, bei Bedarf verstärkt durch eine Mai-Mai-Miliz, kämpfte auf der einen Seite gegen die kongolesische Armee, die *Forces Armées de la République Démocratique du Congo*/FARDC, die ihrerseits durch ein undurchsichtiges Bündnis mit den angeblich demokratischen Kräften zur Befreiung Ruandas (*Forces Démocratiques de Libération du Rwanda*/FDLR) und diversen Mai-Mai-Gruppierungen verstärkt wurden. Wie schon vorher ging es vordergründig wieder um alles: sowohl um die Existenz der *Banyamulenge*, der kongolesischen Tutsi, als auch um die Existenz der kongolesischen sowie ruandischen Hutu. Und auch im Hintergrund tobte der alte Kampf, der Kampf um die Hoheit in Gebieten, in denen das Vorkommen an Bodenschätzen besonders groß war, um die Herrschaft über Minen und um die Kontrolle von Transportwegen. Bereicherungssucht und Ausbeutung der lokalen Bevölkerungen wurden in die bekannte Schutz- und Befreiungsrhetorik gekleidet. Die Meldungen über militärische Erfolge, angeblich neugeschlossene Bündnisse und die Präsenz der UN-Friedenstruppe in der Region waren oft so widersprüchlich, dass plausibel klingende Behauptungen leicht durch ebenso plausibel klingende Gegenbehauptungen widerlegt werden konnten.

Ein neuer Kongokrieg drohte, und da Ruanda den CNDP ungeniert massiv unterstützte (was es, entgegen aller Beweise, ebenso ungeniert bestritt), drohte es ein Krieg zu werden, der in Ausmaß und Wirkung den beiden vorangegangenen Kongokriegen gleichkam. Im Ersten Kongokrieg 1996/97 hatten hauptsächlich ruandische Truppen den Kongo erobert und ein neues Staatsoberhaupt, Laurent-Désiré Kabila, installiert. Bis zu 300.000 Menschen, fast ausschließlich Zivilisten, hatten bei diesem Unternehmen ihr Leben verloren. Als es 1998 zum Bruch zwischen Kabila und seinen ruandischen Verbündeten kam, begann der Zweite Kongokrieg, der bis 2003 dauerte und sich vornehmlich in den Kivu-Provinzen abspielte. Vordergründig ging es um ruandische Sicherheitsinteressen, in Wahrheit jedoch um Bodenschätze. Wieder war es die Zivilbevölkerung, die hierfür den höchsten Blutzoll zu entrichten hatte.

Angesichts der sich 2008 erneut zuspitzenden Lage ist es nicht verwunderlich, dass die internationale Gemeinschaft zunehmend nervöser und die Suche nach Lösungen

6. Der Kongo als Objekt der Begierde

hektischer wurde. Militärische Eingreifszenarien wurden erwogen und wieder verworfen. Der britische Premierminister Gordon Brown meldete sich mit der Forderung »der Kongo darf kein zweites Ruanda werden« zu Wort, doch konkret geschah wiederum nichts. Laurent Nkunda stand mit seinen Truppen immer noch abwartend vor Goma und präsentierte sich als Heilsbringer und Schutzpatron der kongolesischen Tutsi, die FARDC und die FDLR argwöhnten eine schleichende Annexion des Nordkivu durch Ruanda und blieben in höchster Alarmbereitschaft. Allein die nach wie vor funktionierende Kriegsökonomie war das verbindende Element zwischen den beiden verfeindeten Seiten.

Am 20. Januar 2009 dann die große Überraschung. Die Armeen der Demokratischen Republik Kongo und Ruandas, FARDC und RDF, starteten eine gemeinsame Militäroperation im Nordkivu. Zwar hatte es schon in den Wochen davor vereinzelte Meldungen über eine in nächster Zeit beginnende gemeinsame Militäroperation gegen die FDLR gegeben, aber schon häufiger hatten sich in der Vergangenheit Meldungen über geplante oder angeblich sogar kurz bevorstehende Offensiven mit dem Ziel, die FDLR aus der Kivu-Region zu vertreiben, als falsch oder lediglich als gute Absicht herausgestellt. Warum also sollten die letzten Meldungen mehr sein als bloße Gerüchte? Weil, so die einfache Antwort, jetzt andere Kräfte im Hintergrund wirkten, die die Geduld verloren hatten und an einer nachhaltigen Pazifizierung der Region interessiert waren. Zweifelsfreie Belege dafür gibt es allerdings nicht, eher Indizien, die geradezu zwangsläufig in eine bestimmte Richtung weisen.

Zunächst und vor allem ist da die generelle Ausrichtung Ruandas auf die anglophone Welt zu nennen. Im Zuge dieser Entwicklung wurde Tony Blair für ein symbolisches Gehalt von einem US-Dollar jährlich Berater Kagames und es wäre weltfremd, die häufigen Besuche Blairs in Ruanda nicht mit dessen steigender Sensibilisierung für das spannungsreiche

Verhältnis zwischen Ruanda und seinem westlichen Nachbarn in Verbindung zu bringen sowie, der Funktion eines Beraters gemäß, mit der Ausarbeitung diverser Lösungsszenarien. Das zeitgleich einsetzende Interesse Ruandas an einer Mitgliedschaft im Commonwealth garantierte zudem die gefällige Beachtung dieser Vorschläge. Und die Bemerkung des Blair-Nachfolgers Gordon Brown über die neue Völkermord-Gefahr in der Region verlieh ihnen noch eine ganz besondere Dringlichkeit. Der Unterstützung der USA konnte man sich ohnehin sicher sein. Zwischen beiden Staaten herrschte tiefstes Einverständnis in Bezug auf ruandische Befindlichkeiten. Das hatte sich Mitte 2008 erneut gezeigt, als der ruandische Brigadegeneral und stellvertretender Leiter der UNAMID-Mission in Darfur, Karenzi Karake, in die Kritik geriet. Ein möglicher Kriegsverbrecher an der Spitze einer UN-Friedensmission erschien vielen als ein Widerspruch, der zumindest eine vorläufige Suspendierung Karakes bis zur Klärung der Vorwürfe hätte zur Folge haben müssen. Nicht so für die USA (Ruanda hatte bereits mit dem Abzug seiner 3000 Blauhelm-Soldaten gedroht, sollte Karake von seinem Auftrag entbunden werden), die sich vehement für einen Verbleib Karakes in Darfur einsetzten und sogar für eine Vertragsverlängerung eintraten. In beiden Punkten setzten sie sich zur Zufriedenheit Ruandas durch.

Der Einfluss des Auslands auf den Kongo – und auch hier allen voran der Einfluss Großbritanniens und der USA – ergab sich aus der berechtigten Angst Joseph Kabilas, Sohn von Laurent-Désiré Kabila, vor einem Machtverlust. Mit großen Hoffnungen 2006 gewählt, war seine Amtszeit bis dahin in den Augen der allermeisten Kongolesen eine einzige Enttäuschung. Ohne die Hilfe des Auslands würde er seine erste Amtszeit als gewählter Präsident nicht überstehen. Um diese Hilfe zu bekommen, musste er seine mehr als einmal gemachte Ankündigung erfüllen, Frieden im Osten des Landes zu schaffen, was zuallererst eben die Bekämpfung der FDLR bedeutete. Seit der Anwesenheit bewaffneter ruandischer Hutu im Osten des Kongo herrschte dort Krieg. Sind sie nicht mehr dort, weil vernichtend geschlagen oder nach Ruanda vertrieben, hat der CNDP unter Laurent Nkunda keinen Grund mehr, unter Hinweis auf den Schutz bedrohter Tutsi militärisch zu agieren. Endlich könnten dann die Kongolesen ihre Probleme selbst lösen, ohne Einmischung von außen – so die Hoffnung Kabilas und der Kongolesen, so auch die Hoffnung des Auslands. Eine willkommene Begleiterscheinung der solcherart konsolidierten kongolesischen Souveränität würde außerdem eine Verbesserung der ruandisch-kongolesischen Beziehungen sein. Mit ihrer gemeinsamen Militäroperation zögen Ruanda und die Demokratische Republik Kongo einen Schlussstrich unter eine von Misstrauen und Gewalt geprägte Vergangenheit. Statt wie vordem gegeneinander Krieg zu führen oder zur eigenen Machterweiterung skrupellose *Warlords* zu unterstützen, würden sie nun ihre vereinten Kräfte auf den Kampf gegen die FDLR konzentrieren. *Umoja Wetu*, unsere Einheit, haben sie darum die Militäroperation genannt.

Damit hätten wir schon eine erste Parallele zum Romangeschehen bei le Carré. Wie das geplante Unternehmen des ominösen Syndikats verfolgte auch die ruandisch-kongolesische Kooperation ein Ziel, in dem sich die humanitäre Botschaft mit dem Versprechen regionaler politischer Konsolidierung verbindet. Die zweite Parallele manifestierte sich dann mit Beginn der Aktion. Während das Parlament in der Hauptstadt Kinshasa sich noch über die verfassungswidrige Eigenmächtigkeit des Staatspräsidenten Joseph Kabila bei seiner Zustimmung zur Militäroperation mit dem Erzfeind Ruanda echauffierte, äußerte der britische Botschafter im Kongo Zufriedenheit über Beginn und Verlauf der Operation und versprach deren wohlwollende politische Begleitung durch sein Land. Wenige Tage später war der britische

Generalstabschef in der ruandischen Hauptstadt Kigali zu Besuch, wo er unter Hinweis auf bereits erreichte Erfolge im Kampf gegen die FDLR das Vorgehen ruandischer und kongolesischer Militäreinheiten in den höchsten Tönen lobte.

Nur einen, der als *Mwangaza*, als Lichtgestalt, die Neuordnung der politischen Dinge hätte anführen können, den gab es in der Wirklichkeit nicht. Laurent Nkunda kam dafür nicht in Frage. Nicht, weil gegen ihn ein internationaler Haftbefehl vorlag und auch der kongolesische Staat gegen ihn einen Haftbefehl wegen Meuterei und anderer Verbrechen ausgestellt hatte. Es wäre ohnehin schwer gewesen, einen Führer mit annähernd einwandfreier Vergangenheit zu finden. Nein, Nkunda hatte sich dem neuen Bündnis der ruandisch-kongolesischen Armee widersetzt, wobei das Problem selbstredend nicht Ruanda, sondern der neue kongolesische Partner darstellte. Nkunda konnte und wollte nicht verstehen, dass sein CNDP nun zusammen mit dem Feind von gestern, dem er immer nur die schlechtesten Eigenschaften und Absichten unterstellt hatte, kämpfen sollte. Er weigerte sich energisch, der neuen Allianz zuzustimmen. Daraufhin wurde er kurzerhand abgesetzt. Sein Nachfolger wurde der militärische Oberbefehlshaber des CNDP, Bosco Ntaganda, der sich einsichtig gezeigt hatte. Wie es hieß, soll Nkunda wenig später nach Ruanda geflohen sein (anderen Berichten zufolge wurde er dorthin verschleppt), wo ihn Spezialkräfte der ruandischen Armee – nein, nicht folterten, sondern physisch offensichtlich unbeschädigt an einem geheimen Ort festhielten (und bis heute festhalten).

Sein Nachfolger, der kooperationswillige Bosco Ntaganda, erwies sich ebenfalls als untauglich. Wiederum nicht, weil 2006 gegen ihn vom Internationalen Strafgerichtshof in Den Haag ein Haftbefehl erlassen worden war wegen der Begehung von Kriegsverbrechen, die ihm den Beinamen »Terminator« eingebracht hatten. Diese Anklage hatte die Demokratische Republik Kongo nicht daran gehindert, ihn umgehend zum General der kongolesischen Armee zu befördern, und auch Ruanda drängte auf seine Teilnahme in führender Position an *Umoja Wetu*, immerhin hatte er, ein in Ruanda geborener Tutsi, sich schon Ende der 1980er Jahre der Rebellenarmee Kagames angeschlossen und mit ihm Krieg gegen das Habyarimana-Regime geführt. Nein, Ntaganda war ungeeignet, weil auch er sich letztlich den neuen Spielregeln verweigerte. Er blieb ein *Warlord*, war als solcher ausschließlich auf den eigenen Vorteil bedacht und da Bündnisse für ihn daher nur taktischer Natur waren, konnte er nicht verlässlich in den Neuaufbau des Ostkongo eingebunden werden – ein Umstand, der mitentscheidend dafür war, dass er fallengelassen wurde und sich heute vor dem Internationalen Strafgerichtshof in Den Haag verantworten muss.

Doch der Neuaufbau des Ostkongo ließ sich ohnehin längst nicht so gut an wie erhofft. Anfängliche Erfolgsmeldungen, vermischt mit Lob für die neue ruandisch-kongolesische Annäherung, konnten nicht darüber hinwegtäuschen, dass die Militäroperation in Wahrheit ein Misserfolg war. Und auch die Ende Februar 2009 beginnende Folgeoperation *Kimia II*, die, jetzt ohne offizielle ruandische Beteiligung, aber mit logistischer Unterstützung durch die UN-Mission im Kongo (MONUC), vor allem dem Südkivu Frieden bringen sollte, scheiterte. Die FDLR zogen sich immer weiter in den Dschungel zurück, und die Kämpfe zogen eine Blutspur durch die Region, von der nicht zweifelsfrei zu sagen ist, ob für sie die FDLR-Miliz oder die sie verfolgenden Armeeeinheiten eine größere Verantwortung tragen. Tod, Leid und Zerstörung unter der unbeteiligten Zivilbevölkerung waren jedenfalls so alltäglich wie zuvor in vielen Jahren nicht. »Wir fühlen uns heute bedrohter als früher«, klagten die Menschen und vereinzelt kam es sogar, gerichtet an die Adresse der Provinzregierungen, zu Demonstrationen gegen die zunehmende Gewalt.

Mit dem Scheitern vom *Umoja Wetu* und *Kimia II* gibt es erneut eine Parallele zum le Carré-Buch, allerdings mit der kleinen Abweichung, dass im wirklichen Geschehen auf das Scheitern nicht mit Ahnungslosigkeit reagiert, sondern es einfach ignoriert und umgedeutet wurde, zunächst von den vor Ort befindlichen Akteuren und ihren Regierungen, danach von den eigentlichen Schirmherren beider Operationen. So sprachen offizielle Stellen in Ruanda und im Kongo ausschließlich von einer äußerst erfolgreichen Befriedung der Region. Basen der FDLR seien zerstört, viele ihrer Kämpfer getötet, zur Aufgabe bewegt oder vertrieben worden, Hunderttausende Flüchtlinge könnten nun in ihre Dörfer zurückkehren. Die zustimmende Reaktion, die daraufhin von britischer Seite geäußert wurde (»Ruanda sollte weiterhin Druck auf die negativen Kräfte ausüben, auf diese Weise kann wirklicher Friede in der Region wiederhergestellt werden«), fand sich nachdrücklich bestätigt in den Einschätzungen hochrangiger Vertreter der MONUC, der mit seinerzeit rund 20.000 Soldaten und Zivilangestellten weltweit größten UN-Mission. Die Sicherheit für die Bevölkerung habe sich erhöht, erklärte ihr Sprecher, und ihr Leiter, der Brite Alan Doss, ergänzte, dass durch die Vertreibung der FDLR diese ihre ökonomische Basis verloren hätten, was deren Kriegführungsfähigkeit auf lange Sicht entscheidend geschwächt habe. Für die Menschen in der Region werde das Leben besser werden.

Es mag sein, dass bei der offiziellen Bewertung der Militäroperationen die Zufriedenheit über das überraschende ruandisch-kongolesische Bündnis den Blick für die Realität trübte. Wahrscheinlicher ist aber, dass die »Kollateralschäden« ganz bewusst in Kauf genommen wurden beziehungsweise bei einer Abwägung einfach nicht das Gewicht des »hoffnungsvollen sicherheitspolitischen Signals« hatten, als das die neue Partnerschaft zwischen Ruanda und der Demokratischen Republik Kongo gefeiert wurde. Die UNO jedenfalls wollte – spät, aber immerhin – ab Januar 2010 die militärische Unterstützung der kongolesischen Armee einstellen. Wie sollte sie auch ihrem erneuerten Mandat entsprechend nur annähernd glaubhaft den Schutz der Zivilbevölkerung gewährleisten und für die Beachtung elementarer Menschenrechte sorgen, wenn sie weiterhin mit den Kräften gleichgesetzt werden konnte, denen der Umstand keines Kommentars, geschweige denn einer Reaktion würdig war, dass bei *Umoja Wetu* und *Kimia II* auf jeden der etwas mehr als tausend festgesetzten FDLR-Kämpfer ein ermordeter Zivilist, sieben vergewaltigte Frauen und Mädchen, acht zerstörte Häuser und fast 900 Flüchtlinge kamen? Die kongolesische Armee aber setzte, nunmehr unter dem Namen *Amani leo* (Frieden heute), die Offensive gegen die FDLR fort, als sei nichts geschehen. Ruandas Hilfsangebot, bereits während der Operation *Kimia II* mehrfach formuliert, wurde offiziell nicht angenommen – das brauchte es auch nicht, wie Insider meinten, um erklärend hinzufügen: Die Ruander seien doch sowieso schon im Land. Wer wolle denn sagen, ob der CNDP-Kämpfer, der im Zeichen der neuen Allianz in die kongolesische Armee FARDC eingegliedert werde, wirklich ein kongolesischer *Banyamulenge* sei oder kurz vorher auf der anderen Seite der Grenze noch als ruandischer RDF-Soldat Dienst getan habe. Gut möglich, dass bei dem zweifelhaften Pragmatismus, der britische Außenpolitik manchmal kennzeichnet, auch das ein Grund dafür war, dass Ruanda just zu dieser Zeit und gleichsam zur Belohnung für seine Rolle als regionale Ordnungsmacht Mitglied des Commonwealth wurde.

Der Frieden, der nach dem Operationsprogramm noch »heute« erreicht werden sollte, stellte sich als eine allzu euphemistische Prophezeiung heraus. Frieden gab es 2010, als *Amani leo* begann, in der Kivu-Region genauso wenig wie 2009. Mit unterschiedlicher Intensität bekämpften sich die verschiedenen Armeen und Gruppierungen, die Bündnisse wechselten wie vordem und wie vordem ging es auch jetzt nach außen wortreich um ideelle Ziele, doch fiel auf, dass sich die Einheiten der diversen Fraktionen gerade dort massierten, wo das Vorkommen an Bodenschätzen besonders groß war. Ebenfalls nach außen dokumentierte die Politik weiterhin Geschlossenheit und pflegte wechselseitige diplomatische Besuche. Auf Nachfrage nach Stand und möglichen Fortschritten hieß es lakonisch, die Herstellung des Friedens sei eben ein langwieriger Prozess, an ermutigenden Zeichen fehle es jedoch nicht.

Dann allerdings wurden Gerüchte laut über einen UN-Bericht, der Ruanda in bisher nicht gekannter Weise beschuldigen sollte. Um Verbrechen im Kongo sollte es darin gehen, sogar um Völkermord, hieß es. Hinter den Kulissen liefen die Drähte heiß, um einen Skandal zu verhindern. Ein Land, das einen Völkermord beendet hatte und das daraus wo immer möglich moralisches und politisches Kapital schlug, war jetzt vielleicht selbst Täter dieses schlimmsten aller Verbrechen – ein unerträglicher Gedanke nicht nur für das neue Ruanda, sondern auch für seine Bündnispartner, voran Großbritannien und die USA. Gemeinsam versuchten sie, Formulierungen in der Schlussfassung des Berichts abzuschwächen. Keinesfalls dürfe darin der Begriff »Völkermord« genannt werden, die einseitige Täterschaftszuweisung müsse ersetzt werden durch eine Darstellung der Komplexität des Geschehens, die den Sicherheitsinteressen und damit verbundenen Sachzwängen Rechnung trage. Doch wer auf der politischen Bühne Freunde hat, kann dort auch leicht Feinde haben. Gewiss nicht zufällig erschien in der französischen Tageszeitung *Le Monde* vom 26. August 2010 unter der Überschrift »Die Anklageschrift über zehn Jahre Verbrechen in der DR Kongo« ein Artikel, in dem von der Existenz einer beinahe 600 Seiten langen und so gut wie endgültigen Fassung des Berichts die Rede war, die dem Blatt angeblich auch vorlag. Zum Beweis dafür zitierte es einige Passagen aus dem Bericht. So habe es im Untersuchungszeitraum zwischen März 1993 und Juni 2003 schwerste Menschenrechtsverstöße und Verletzungen des humanitären Völkerrechts gegeben, die als »Verbrechen gegen die Menschlichkeit, Kriegsverbrechen und sogar als Völkermord zu qualifizieren seien«. Für Letzteres, für den Völkermordvorwurf, gebe es »infolge der systematischen und verbreiteten Angriffe [auf die ruandischen Hutu-Flüchtlinge im Kongo] eine Reihe dringender Verdachtsmomente«, die allerdings noch »der Prüfung durch einen zuständigen Gerichtshof bedürften«. Wer als Täter in Frage komme, sagte *Le Monde* nicht, aber die Nennung Ruandas in diesem Zusammenhang, und zwar nur Ruandas, war auch hier gewiss kein Zufall.

Im Nu war danach der Bericht online erhältlich. Und was zuvor hinter den Kulissen erzwungen werden sollte, vollzog sich jetzt in aller Öffentlichkeit. Denn noch war der Bericht nicht offiziell, noch war er kein UN-Dokument, das mit der geplanten Veröffentlichung durch das UN-Hochkommissariat für Menschenrechte einen quasi autoritativen Charakter bekommen sollte. Besonders Ruanda setzte alles daran, die Veröffentlichung der Schlussfassung zu verhindern. Kein Interview mit einem ruandischen Offiziellen, in dem nicht eine Korrektur der vorläufigen Berichtsfassung gefordert wurde, zahlreiche Proteste in Ruanda und von Ruandern im Ausland warfen in merkwürdiger Logik der UNO ein heuchlerisches Verhalten vor. 1994 habe sie weggeschaut. Und jetzt werde ausgerechnet der Armee, die den Völkermord in Ruanda beendet habe, vorgeworfen, Gräueltaten in der DR Kongo begangen zu haben.

Ruanda stand erkennbar unter Druck. Kein Versuch schien zu entlegen, um moralische Verantwortlichkeit anderswo zu kreieren. Angesichts der Informationen, die der vorläufige Bericht enthielt, ist das wenig verwunderlich, auch wenn noch vier weitere Staaten (Angola, Burundi,

Uganda und der Kongo selbst) als – in allerdings minderem Maße – verantwortlich bezeichnet wurden. 600 Tatorte, die meisten im Osten. Massaker über Massaker, mal mit vielen Hundert, mal mit ein paar Dutzend Toten, erschossen, verbrannt, erschlagen. Und dabei waren die Tatorte, die das UN-Untersuchungsteam anhand von jeweils zwei übereinstimmenden Zeugenaussagen und 1500 Dokumenten identifiziert hatten, nur ein Ausschnitt aus dem Gesamtgeschehen in den zehn Jahren zwischen 1993, als die beschleunigte Auflösung der Mobutu-Herrschaft einsetzte, und 2003, als formell die friedliche Übergangszeit beginnen sollte. Welche Verbrechen, welche Opferzahlen wären noch zu Tage gefördert worden, wenn mehr als die 33 eingesetzten UN-Rechercheure länger als, wie in diesem Fall, gut acht Monate im Kongo ermittelt hätten?

Doch lassen wir diese sinistren Überlegungen, zumal sie vor dem Hintergrund der weiteren faktischen Entwicklung als gänzlich überflüssig erscheinen müssen. Bleiben wir bei den Fakten: Aufgeschreckt durch Ruandas wiederholter Drohung eines Truppenabzugs aus Darfur reiste der UN-Generalsekretär Ban Ki-moon nach Kigali, wo er die frühe Veröffentlichung des Berichts bedauerte, Ruandas friedenspolitisches Engagement lobte und Staatspräsident Kagame zusagte, Kommentare und Korrekturen von betroffenen Staaten zu berücksichtigen. Sie sollten an die Endfassung des Berichts angehängt werden. Ob er darüber hinaus noch mehr zusagte, ist nicht bekannt. Am 1. Oktober 2010 erschien, nur unwesentlich verändert, die 550 Seiten lange Endfassung des Berichts, wie versprochen mit den Erklärungen der Staaten, die eine Erklärung abgeben wollten, darunter auch die dreißigseitige Ruandas.

Damit war *in* der Welt, was Ruanda unbedingt *aus* der Welt haben wollte, und Gegendarstellungen erregen, wie man weiß, weit weniger Aufmerksamkeit. Ruandas Truppen blieben in Darfur (ob die Drohung eines Abzugs wirklich ernst gemeint war, sei dahingestellt, immerhin wurden 2010 pro Blauhelmsoldat monatlich pauschal 1150 US-Dollar an den Entsendestaat überwiesen), und die Staatengemeinschaft blieb dem Land wohlgesonnen. Während zivilgesellschaftliche Organisationen und Medien in Europa und Nordamerika die Empfehlung im UN-Bericht aufgriffen und die Einrichtung einer Gerichtsbarkeit zur Klärung und Ahndung der Verbrechen forderten, reagierte die politische Ebene in dieser Weltregion nicht. Keine Kritik, keine Nachfragen, wie sie doch bei dem Tatvorwurf des Völkermords vernehmbar zu erwarten gewesen wären. Es war, als habe es den UN-Bericht nie gegeben. Dass der am 29. November desselben Jahres veröffentlichte jährliche Bericht der UN-Expertengruppe zum Kongo von mehreren juristisch folgenlos gebliebenen Morden an ehemaligen Nkunda-Gefolgsleuten in Ruanda und der Kivu-Region sowie von fragwürdigen Bodenschätzentransfers vom Kongo nach Ruanda zu berichten wusste, fiel da schon gar nicht mehr ins Gewicht. Wie sagte doch einer der Protagonisten bei John le Carré in scheinheiliger Betroffenheit: »Seit fünfhundert Jahren wird der Kongo jetzt schon ausgeblutet.«

7. Verlauf und Abschluss
der Aufarbeitung von Völkermordverbrechen.
Die Geschichte einer verpassten Chance

Bis zum 15. Januar 2005 befand sich die reaktivierte Gacaca-Justiz in einer Erprobungsphase. In jedem der 106 Distrikte des Landes wurde jeweils in dem Sektor, in dem die meisten Geständnisse abgelegt worden waren, eine Reihe von Gacaca-Gerichten eingerichtet. Auf der untersten Verwaltungsebene, der Zelle, in der durchschnittlich 150 bis 300 Erwachsene lebten, sollten diese Gerichte Informationen über das Tatgeschehen sammeln und die Täter einer der vier, später auf drei reduzierten Tatkategorien zuordnen. Je nach Tatschwere sollten sich dann Gacaca-Gerichte höherer Instanz mit dem Fall befassen. Das Gacaca-Gericht der Zelle war nur für die Ahndung von Eigentumsdelikten zuständig.

Allerdings erwies sich schon bald nach Beginn der Pilotphase im Juni 2002, dass die Erwartungen zu hoch waren. Die wöchentlichen Verfahren fanden zwar statt, doch der Zuspruch schwand rapide, vor allem weil die erhofften Urteile ausblieben. Oft konnte das für die Durchführung eines Verfahrens eigentlich erforderliche Quorum von zwei Drittel der erwachsenen Zellenbewohner nicht erreicht werden, und auch die Notfallregelung, die das Quorum für die Anwesenheit auf die Hälfte absenkte, war nur bei großzügiger Zählweise erfüllt. Die Suche nach der Wahrheit war nicht nur ein kontroverses und langwieriges Unternehmen, dem man sich gerne zu entziehen suchte, auch die gewählten *Inyangamugayo* waren oft längst nicht so integer wie gedacht. Mehr als ein Viertel von ihnen musste von seinem Amt zurücktreten, weil sie im Verdacht standen, selbst Völkermordverbrechen begangen zu haben. Die Dunkelziffer möglicher Täter blieb hoch. In den Gefängnissen, wo seit Ende der 1990er Jahre die Gefangenen in Eigenregie Gacaca-Verfahren durchführten (Wer war an welchen Einsätzen beteiligt? Mit welchem Tatbeitrag? Wer waren die Mittäter?), lag die durchschnittliche Quote der geständigen Täter trotz der Perspektive einer vorzeitigen Haftentlassung nur bei etwas unter fünfzig Prozent, und von den Tätern, auf die sich ein Anfangsverdacht richtete oder die noch unerkannt in Freiheit lebten, zeigten sich auch nur sehr wenige (zirka zehn Prozent) zu einem strafmildernden Geständnis bereit. Mehrmals waren die Fristen für die Abgabe von strafmildernd wirkenden Geständnissen verlängert worden – ohne Erfolg. Warum auch sollten sich die noch unentdeckten Täter und die Landbevölkerung allgemein zu einem Geständnis oder zu einer Anzeige bewegen lassen, wenn, wie die Mitarbeiter der nationalen Gacaca-Behörde beim Obersten Gerichtshof fortwährend klagten, selbst Menschen, die aufgrund ihrer Bildung und sozialen Stellung ein Interesse an der Vergangenheitsaufarbeitung haben müssten (Lehrer, Kaufleute, Staatsbedienstete), mit Eifer nach Mittel und Wegen suchten, um den Gacaca-Verhandlungen fernbleiben zu können.

Es bestand folglich Handlungsbedarf. Neue Gesetze wurden verabschiedet und wieder geändert. Die Zahl der Richterinnen und Richter wurde von neunzehn auf neun und schließlich auf sieben gesenkt, die aktive Teilnahme an den Gacaca-Aktivitäten zu einer Verpflichtung für alle Ruander erklärt, bei Abwesenheit drohte eine Geldstrafe oder ein Freiheitsstrafe von bis zu einem Jahr. Die Höchststrafe für Verbrechen der zweiten Kategorie (Mord, Totschlag, schwere Körperverletzung) wurde, wenn der Angeklagte nicht geständig war, auf lebenslange Freiheitsstrafe erhöht und zugleich wurden die Strafen für diejenigen, die mit dem Gericht kooperierten, ein Geständnis ablegten und bereuten, weiter ausdifferenziert und durchweg reduziert. Bei sehr später Einsicht in die eigene Schuld und entsprechend dokumentierter Kooperationsunwilligkeit betrugen sie bei Mord oder versuchten Mord, für die das Gesetz sonst einen festen Strafrahmen von fünfzehn bis neunzehn Jahren vorsah, noch zwischen zwölf und vierzehn Jahren (wovon allerdings die Hälfte durch das Ableisten gemeinnütziger Arbeit zu verbüßen war und ein Sechstel zur Bewährung ausgesetzt wurde), bei sehr früher Einsicht und Aufklärungsbereitschaft jedoch nur noch zwischen acht und elf Jahren (wovon lediglich zwischen sechzehn und 22 Monate im Gefängnis verbracht werden mussten).

Hatten diese gesetzgeberischen Maßnahmen Erfolg? Konnte Gacaca mit erhöhter Resonanz etabliert werden? – Blickt man auf die diversen Zahlen aus den Jahren 2005, 2006 und 2007, liegt die Antwort nahe. Gacaca entwickelte eine Dynamik, die selbst die Verantwortlichen der zuständigen Behörde überraschte. Vermutlich lag es an dem abgestuften Verfahren der landesweiten Einführung von Gacaca – Pilotphase (Informationssammlung, Kategorisierung) in ausgewählten Zellen ab dem 18. Juni 2002, ab dem 15. Januar 2005 in allen anderen Zellen des Landes, Beginn der eigentlichen, mit einem Urteil endenden Prozesse in den Zellen der Pilotphase am 10. März 2005, Beginn der Prozesse in allen Zellen am 15. Juli 2006 –, dass sich die Prognosen immer wieder schnell als überholt herausstellten. Schon in der Pilotphase wuchs die Zahl der Beschuldigten von ursprünglich deutlich unter Zehntausend auf knapp 65.000. Hochrechnungen, die daraufhin durch Extrapolation auf eine Gesamtzahl von gut 700.000 Verdächtigen landesweit kamen, waren schon wenige Monate später, als deren Zahl mehr als 800.000 betrug, widerlegt. In ungefähr einem Jahr könnten die Gacaca-Gerichte, immerhin beide Instanzen zusammengerechnet 12.103 an der Zahl (9013 in den Zellen, 1545 in den Sektoren und noch einmal dieselbe

7. Verlauf und Abschluss der Aufarbeitung

Anzahl als Berufungsgerichte), alle Völkermordfälle verhandelt haben, hatte die politische Führung des Landes noch im Dezember 2005 zuversichtlich behauptet. Ein Jahr später hatte es zwar schon 51.000 Verfahren gegen potentielle Völkermörder gegeben, aber gleichzeitig waren mehr als zehnmal so viele Menschen in das Visier der Justiz geraten. Ein Geständnis glaubhaft abzulegen bedeutete eben in aller Regel die Anzeige von Mittätern. Alleine ging man nicht auf die als Gemeinschaftserlebnis verbrämte Menschenjagd.

Trotzdem gab es bis 2007 noch mehrmals Ankündigungen, die einen baldigen Abschluss der Gacaca-Verfahren vorhersagten. Die Gerichte arbeiteten einmal, manchmal sogar zweimal pro Woche, der Zuspruch war leidlich und wenn das neue Quorum von hundert Anwesenden pro Gacaca-Sitzung erkennbar nicht erfüllt war, fanden die Sitzungen dennoch statt. Ohne Gacaca keine Versöhnung, lautete landauf landab das Credo der Offiziellen, und täglich war in den Medien von Gacaca-Prozessen zu lesen oder zu hören, die auf ergreifende Weise Täter und Opfer zusammengebracht hatten. Nennenswerte Schwierigkeiten gab es scheinbar nicht. Der Erfolgsdruck war unübersehbar und man engagierte sich allseits, um zum zeitnahen Gelingen dieses justiziellen Versöhnungsprojekts beizutragen.

Aus der Perspektive der (mutmaßlichen) Täter konnte es ohnehin nicht schnell genug gehen. Aus verständlichen Gründen. Trotz der Freilassungen war die Situation in den Gefängnissen und kommunalen Hafthäusern (*cachots*) noch überaus angespannt. In den sechzehn Gefängnissen des Landes zum Beispiel befanden sich im April 2006 noch knapp 70.000 Häftlinge, unter ihnen etwa 2500 Frauen und tausend Minderjährige. Fast alle waren wegen Völkermordverbrechen inhaftiert worden. Bezogen auf die Kapazitäten der Gefängnisse bedeutete das, dass mehr als die Hälfte von ihnen zu 200 Prozent überbelegt war, fast ein Fünftel sogar zu 300 Prozent. Und für die Versorgung hieß das, dass die

Häftlinge täglich nur etwa 300 Gramm Mais, 250 Gramm Bohnen und 100 Gramm Hirsemehl erhielten, ausnahmslos, jahrein, jahraus. Eine Ergänzung oder Abwechslung gab es nur an Besuchstagen oder bei besonderen Kontakten nach draußen.

»Schnell gehen« konnte es jedoch nur, wenn bereits eine Akte angelegt worden war, wenn also die Justiz schon in irgendeiner Form eine Tätigkeit entfaltet hatte. Und das war für die große Mehrheit der Häftlinge nicht der Fall. Vor 2002 genügten mehrere übereinstimmenden Zeugenaussagen – die Rede war von drei –, um eine Person ins Gefängnis zu bringen, und auch eine Rückkehr aus dem Kongo oder eine unklare Biographie brachten die Betroffenen dem Gefängnistor bedrohlich nahe. Gefängnisaufenthalte von sieben oder acht Jahren ohne Prüfung der Beschuldigung, ja ohne Kenntnis des genaueren Tatvorwurfs waren nicht nur keine Seltenheit, sondern die Regel. Verwahrung zwecks späterer Prüfung war die unausgesprochene Devise. Akten über die Beschuldigten wurden erst angelegt, als die *présentations* der Gefangenen begannen, als in den Gefängnissen auf Initiative der Häftlinge das Gefängnis-Gacaca einsetzte und natürlich als überall im Land Gacaca-Gerichte ihre Arbeit aufnahmen. Ein Anfang war insofern gemacht, als den Namen nun konkrete Tatvorwürfe zugeordnet werden konnten. Dann allerdings wurde es unübersichtlich. Wann die Akten um weitere Ermittlungsergebnisse ergänzt wurden, ob die Gacaca-Gerichte sich vordringlich mit den Beschuldigten befassten, die schon vorläufig freigelassen worden waren, oder mit den Beschuldigten, die sich trotz Geständnis noch im Gefängnis befanden oder mit denjenigen, die ihre Unschuld beteuerten, hing faktisch vom Ermessen des zuständigen Gacaca-Gerichts ab. Und wie das Gericht es ausübte, hing von der Persönlichkeit der Richterinnen und Richter, ihrem Bildungsgrad, ihrer sozialen Stellung und ihrer eigenen Betroffenheit durch den Völkermord ab. Die Unterschiede zwischen einzelnen Gerichten waren groß, unabhängig davon, ob das Gericht sich mehrheitlich aus Tutsi oder, was der Normalfall war, mehrheitlich aus Hutu zusammensetzte. Mal waren die Gerichte bemüht, das Tatgeschehen genau aufzuklären und die individuelle Schuld des Angeklagten festzustellen, auch wenn dies bei einem Mordvorwurf eine milde Strafe bedeutete, mal waren sie überfordert von dem Verfahren, kannten das Recht nicht oder nicht richtig und folgten Vorurteilen oder vorschnellen Urteilen statt Rechtsprinzipien wie dem fundamentalen *in dubio pro reo* oder dem eventuell strafmildernden Handeln auf Befehl oder infolge eines sonstigen, von außen auf den Handelnden einwirkenden Drucks. – Gewöhnlich trugen die Gacaca-Richterinnen und -Richter als Zeichen ihrer Amtswürde eine Schärpe in den ruandischen Landesfarben. Dass die Schärpe auch Unfähigkeit aufzuwerten schien, war nicht selten zu sehen, noch häufiger war davon zu hören oder zu lesen.

In vielen, sehr vielen Fällen fielen jedoch Unfähigkeit und das daraus hervorgehende Unrecht nicht auf. Sie verschwanden hinter der offiziell immer wieder beschworenen Größe der Herausforderung und Erhabenheit des Versöhnungsziels. Der Gedanke, dass die Gacaca-Gerichte zuerst die mutmaßlichen Taten der Häftlinge mit der längsten Haftdauer verhandeln müssten, um sich sodann über die Fälle nicht so langer beziehungsweise jüngerer Inhaftierung zu den vorläufig Freigelassenen vorzuarbeiten, schien damit unvereinbar. So blieb, ein Beispiel von vielen, im Zentralgefängnis von Kigali auch Alexandre B. in Haft. 1997 war er angezeigt worden, Teilnahme am Völkermord lautete der Vorwurf. Wer ihn angezeigt hatte und warum genau, wusste er nicht. Er vermutete, dass ihn irgendjemand aus dem Weg schaffen wollte. Einen Vertreter der Anklage hat er nur einmal gesprochen, 1999, und das auch nur sehr flüchtig. Seitdem war nichts mehr geschehen, von der Gacaca-Pilotphase war er nicht betroffen.

Ging man weiter weg von den Gefängnissen in den größeren Städten, wo regelmäßig ausländische Gacaca-Beobachter auftauchten und Fragen stellten, in die Gefängnisse in entlegenere, schwer erreichbare Gebiete, in denen sich seltener oder gar keine ausländischen Besucher einfanden, stieß man auf noch mehr Häftlinge, an denen, obwohl geständig – laut Zeugenaussagen unschuldig oder mit absurden Anklagen konfrontiert –, Gacaca spurlos vorbeiging. Bonefide M. im Gefängnis von Gisovu, zum Gespräch nach dem Zufallsprinzip ausgewählt, war so ein Häftling. Zehn Jahre war sie, jetzt fünfzigjährig, im August 2005 schon im Gefängnis, weil sie zwei ihrer Kinder getötet haben soll. Ihr Mann, ein Tutsi, war schon im April 1994 umgebracht worden, ebenso wie zwei ihrer sechs Kinder. Bei ihr lebten danach nur noch die beiden jüngsten, zwei Mädchen, eineinhalb und zweieinhalb Jahre alt. Bis eines Tages, im Mai oder Juni 1994, *Interahamwe*-Milizionäre zu ihr gekommen seien und sie vor die Alternative gestellt hätten, zuzusehen, wie ihre Kinder qualvoll getötet werden oder die eigenen Kinder selbst zu töten. Sie habe die Kinder daraufhin zusammengebunden und in einen nahe gelegenen Bach geworfen, wo sie ertrunken seien. – Ihre Geschichte erzählte sie mit leiser Stimme, tränenlos. Gut ein Jahr später, im Juni 2006, war Bonefide M. immer noch im Gefängnis von Gisovu. Hoffnung hatte sie keine mehr, nur noch auf Gott, an dessen Vorsehung sie mit der ganzen Kraft einer neu bekehrten Anhängerin der Pfingstkirche glaubte.

Über 100.000 Prozesse wurden bis Mitte 2007 abgeschlossen, über 100.000 Mal also wurden vorläufige Freilassungen bestätigt oder Strafen ausgesprochen und damit ein Zustand der Rechtsunsicherheit beendet. Eine beeindruckende Bilanz, wenn auch mit vielen weiteren Fragwürdigkeiten belastet, wie ein Zwischenbericht aus demselben Jahr feststellte. Oft wurde bei der Strafzumessung die bereits im Gefängnis verbüßte Haftzeit nicht (angemessen) berücksichtigt, waren die Tatbeiträge unklar – hatte der verurteilte Angeklagte als Täter, Mittäter, Gehilfe gehandelt oder war er nur Mitläufer gewesen? – oder wurden Zeugenaussagen nicht zur Kenntnis genommen beziehungsweise, ganz im Gegenteil, als wahr akzeptiert, selbst wenn sie nur auf Hörensagen beruhten und mit anderen Aussagen nicht vereinbar waren. Allgemein bestand das Gefühl, den fünf Gacaca-Richterinnen und -Richtern (das war das Quorum für ein rechtmäßig besetztes Gericht) auf Wohl und Wehe ausgeliefert zu sein.

Dazu ein letztes Beispiel, nun unmittelbar von einer Gacaca-Verhandlung. Wir sind im Mai des Jahres 2005 in Kagano, eine Ortschaft am Kivusee zwischen Kibuye und Cyangugu im Sektor Ngoma, wo das Gacaca-Gericht versucht, herauszufinden, was während des Völkermords geschehen ist. Anwesend sind ungefähr achtzig Einwohner Kaganos, das Gericht, ein Gacaca-Koordinator des Sektors sowie ein Oberst der ruandischen Armee mit einigen Soldaten. Nach der Schweigeminute zum Gedenken an die Völkermordopfer ergreift sofort der Oberst das Wort. Vor den auf einem kleinen Hügel sitzenden Menschen auf- und ablaufend kritisiert er die schwache Teilnahme am Gemeinschaftsdienst *Umuganda* (an jedem letzten Samstag im Monat sind alle Ruander zwischen achtzehn und 65 gesetzlich dazu verpflichtet, etwa drei bis vier Stunden lang Arbeiten für den Aufbau des Landes zu verrichten, wie zum Beispiel die Ausbesserung von Straßen oder die Reinigung von Abwasserkanälen). Für den Wiederholungsfall droht er eine Bestrafung an, 1000 FRW (damals ungefähr 1,50 Euro) für den Zellen-Verantwortlichen, 500 FRW für den Verantwortlichen für zehn Häuser (*Nymbakumi*) und 300 FRW (das entspricht dem durchschnittlichen Tagesverdienst auf dem Land) für jeden Einzelnen, der sich *Umuganda* entzieht. Woher er die Strafkompetenz nimmt, ist unklar, bestritten wird sie jedenfalls nicht.

Als nächstes moniert der Oberst die Unpünktlichkeit der Anwesenden. Um neun Uhr solle Gacaca beginnen, begonnen habe es aber erst um elf, mit zweistündiger Verspätung. Auch das dürfe sich nicht wiederholen.

Unvermittelt wendet er sich dann an eine vor ihm sitzende Frau und fragt sie nach der Bedeutung von Gacaca. Sie antwortet ihm und erklärt die Gacaca-Gerichtsbarkeit. An alle Anwesenden gerichtet fragt er nun, ob sie sich an die Tutsi erinnerten, die früher unter ihnen gelebt hätten. Ja, sie erinnerten sich, war die Antwort. Ob sie denn anerkennten, dass es einen Völkermord gegeben habe, lautete die nächste Frage. Wiederum erhielt er eine bejahende Antwort. Dann sei ihm das Schweigen der Menschen von Kagano unerklärlich, erwidert daraufhin der Oberst. Wenn doch alle Bescheid wüssten, müsste es ein Leichtes sein, das Schweigen zu durchbrechen, umso mehr, als sie damals mit falschen Versprechungen (Verteilung von Land, Häusern und Vieh) aufgehetzt worden seien. Zu sagen, was man gesehen, was man getan habe, könne doch da nicht schwierig sein. »Am Sonntag sehe ich euch in der Kirche. Ihr seid Christen. Aber ihr habt gesündigt und wegen eurer Sünden werdet ihr in der Hölle enden. Ihr seid vor Gott verantwortlich. Wenn ihr jetzt gesteht, wenn ihr jetzt sagt, was geschehen ist, werdet ihr den inneren Frieden finden. Es ist Zeit. Wenn ihr nicht bald alles sagt, werden die Strafen sehr hart sein. Es wird kein Pardon mehr geben.«

Schweigen. Gesichter, die Betroffenheit und Bestürzung verraten. Der Oberst ruft diejenigen auf, die bereits gestanden haben. Elf Männer erheben sich. Sieben von ihnen haben getötet, vier angeblich nur geplündert. Zwanzig Zeugen haben die Taten gesehen und schon ausgesagt. Für den Oberst tut sich jetzt einen Widerspruch auf. 14.000 Menschen seien im Sektor Ngoma ermordet worden und nur sieben geständige Mörder gebe es in Kagano, genauso wenige in den anderen Dörfern der Umgebung. »Wer hat all die Menschen ermordet? Gibt es ein Gesetz, das es erlaubt zu töten? Was würdet ihr sagen, wenn ich meinen Soldaten den Befehl geben würde, euch zu töten? Glaubt ihr, dass es ein solches Gesetz gibt?«, fragt er. Die Anwesenden murmeln verneinend, viele von ihnen erschrocken auf die abseits stehenden Soldaten blickend. »Ich warne euch«, fährt der Offizier fort, »sagt, was ihr gesehen und getan habt. Wenn ihr noch lange wartet, dürft ihr nicht auf Milde hoffen.«

Botschaft und Warnung scheinen anzukommen. Kaum hat der Offizier geendet, erheben sich einzelne Anwesende und beschuldigen andere Anwesende. Empört weisen diese die Beschuldigung zurück und beschuldigen diejenigen, die die Beschuldigung erhoben haben, nur von der eigenen Täterschaft ablenken zu wollen. Ein großes, lautstarkes Durcheinander entsteht, das von den Gacaca-Richtern nur mit Mühe eingedämmt werden kann (der Offizier ist kurz nach seinem Auftritt mit seinen Soldaten weggefahren). Wie soll, so fragt sich der Beobachter, unter diesen Umständen jemals auch nur näherungsweise die Wahrheit ans Licht kommen? Ist der Ergebnisdruck, der auf dem Gericht lastet, nicht kontraproduktiv und öffnet Nachlässigkeiten und Willkür Tür und Tor?

Ab Januar 2005 gab es in Ruanda viele tausend Gerichte wie das in Kagano. Was wäre zu sagen, wenn – was nach dem Zwischenbericht der Gacaca-Behörde von 2007 nicht unwahrscheinlich ist – in jedem zweiten oder dritten, was wenn auch nur in jedem zehnten in der geschilderten Weise offizielle Erwartungen verordnet worden wären? Müssten dann nicht die Begriffe Recht und Gerechtigkeit aus der Gacaca-Justiz verbannt und durch die des Zufalls und des glücklichen Umstands ersetzt werden?

Die Überlebenden des Völkermords von Kagano, die auf einer Bank seitlich vom Richtertisch am Fuße des Hügels saßen und in dem Durcheinander sehr verloren wirkten, hätten diese Fragen sicherlich für durchaus berechtigt gehalten. Ihre Zwischenrufe »Meine ganze Familie ist hier umgebracht worden!« »Ihr seid Mörder!« gingen unter im Lärm des Protests, der ihnen vom Hügel entgegenschallte. Resigniert schauten sie dem Treiben zu.

Gewiss kann nicht in Abrede gestellt werden, dass trotz des fürchterlichen Hintergrunds von Massenmord und Zerstörung Täter an vielen anderen Orten Ruandas den Mut hatten, ihre Taten zu gestehen und um Verzeihung zu bitten. Und dass Opfer beziehungsweise Überlebende den wohl noch viel größeren Mut hatten, die Bitte um Verzeihung anzunehmen und sich auf ein perspektivisches Zusammenleben mit den Tätern einzulassen. Wegen seiner traditionellen Verankerung bot Gacaca den gesellschaftlich akzeptierten Rahmen, die tiefe, durch Krieg und Völkermord geschlagene Kluft zwischen Hutu und Tutsi zu überwinden. So gesehen war es überhaupt keine Überraschung, dass, wer im Sommer 2012 am Flughafen von Kigali ankam, hinter den Schaltern, an denen das Einreisevisum erteilt wird, ein Plakat sehen konnte, das – in deutscher Übersetzung – verkündete: »Gacaca: Grundlage für eine nachhaltige Gerechtigkeit und Versöhnung«. Das Plakat, das auch noch an vielen anderen Stellen in Ruanda zu sehen war, war gedacht als deutliche und zugleich einprägsame Bilanz der Gacaca-Justiz, die am 18. Juni 2012, auf den Tag genau zehn Jahre nach ihrem Beginn, in einem Festakt im ruandischen Parlament beendet wurde.

Nimmt man die Zahlen, sprachen schon sie allein für einen Erfolg. Über 12.000 Gacaca-Gerichte auf der Zellen- und Sektorebene, außerdem über 2000 Gacaca-Gerichte, die wegen des hohen Fallaufkommens in der Schlussphase der Gacaca-Aktivität zur Ahndung von Völkermordverbrechen zusätzlich geschaffen worden waren, dazu sind noch die zirka 130.000 Gacaca-Richterinnen (vierzig Prozent) und Gacaca-Richter (sechzig Prozent) zu zählen, die im Laufe der Jahre auf den Richterbänken Platz nahmen – alles

in allem eine beachtliche Leistung, die einen hohen Orga-
nisationsgrad erkennen lässt. Fast zwei Millionen Tatvorwürfe kamen zur Sprache, etwa eine Million Menschen
wurde angeklagt. Die mit Abstand größte Zahl der Verfahren (67 Prozent) betraf Verbrechen der dritten Kategorie,
das heißt Diebstähle und Sachbeschädigungen, gefolgt
von den Verfahren wegen Taten zweiten Kategorie, also
Mord, versuchter Mord oder gefährliche Körperverletzung
(29 Prozent) und von den Verfahren der ersten Kategorie,
nämlich Planung und Organisation des Völkermords oder
die Zufügung sexueller Gewalt (vier Prozent).

Die Strafen, die die Gacaca-Gerichte verhängten, bewegten sich zwischen der Verpflichtung zur Leistung von Scha-
densersatz (Regelstrafe bei Taten der dritten Kategorie)
und lebenslanger Freiheitsstrafe. Wie viele Angeklagte
freigesprochen wurden, ist nicht genau bekannt. Angaben
sind widersprüchlich oder beziehen sich auf Tatvorwürfe
und nicht auf die Angeklagten. Schätzungen zufolge sollen
es, von Tatkategorie zu Tatkategorie variierend, im Durch-
schnitt rund vierzehn Prozent gewesen sein.

Alles schien somit in bester Ordnung. Die Gacaca-Richter
hatten sich, so jetzt offizielle Aussagen in dem Abschlussbe-
richt, auf der Höhe ihrer Aufgaben befunden, Bestechlich-
keiten oder Parteinahmen hatte es nicht gegeben, Urteile
waren nur dem Recht und der Gerechtigkeit verpflichtet
gewesen. Glauben wir diese Aussagen trotz aller Bedenken,
sind sie doch nur eine Facette der Gacaca-Justiz. Die andere
ist längst nicht so strahlend, ganz im Gegenteil. Sie droht die
positive Seite von Gacaca mit einem Schatten zu überwöl-
ben, der so dunkel ist, dass er das gesamte Unternehmen
diskreditiert. Eine Justiz, die nur partiell gut ist, ansonsten
politisch vorgegebene Erwartungen erfüllt und dadurch
willentlich und wissentlich neues Unrecht schafft beziehungsweise altes festigt, ist keine Justiz, die diesen Namen
verdient.

Man vergegenwärtige sich nur, was Ananie Marius Nzabonimpa widerfahren ist. Bis Juli 1994 war er Bürgermeister von Kanama im Nordwesten Ruandas. Als gelernter Kartograph war er ab 1970 in verschiedenen Ministerien tätig, bis er im März 1985 Bürgermeister in seiner Heimatgemeinde wurde und damit ein Amt bekleidete, in dem er direkt dem Innenministerium unterstand. Ananie Nzabonimpa war Mitglied der Regierungspartei MRND, seine Frau Annuciata, mit der er vier Kinder hatte, gehörte der Bevölkerungsgruppe der Tutsi an.

Im Juli 1994 flüchtete er mit seiner Familie in den Kongo (Zaire), kehrte von dort aber schon im Dezember desselben Jahres nach Ruanda zurück. Nach einer Überprüfung seines Verhaltens vor und während der Völkermordperiode wurde er als unbelastet eingestuft und konnte infolgedessen von 1996 bis Ende 2000 in Kanama als Angestellter des Justizministeriums arbeiten. Dann wurde er verhaftet und mit dem Vorwurf konfrontiert, aktiv am Völkermord teilgenommen zu haben. Nach eineinhalb Jahren wurde er jedoch aus der Haft entlassen, weil sich keine Anhaltspunkte für seine Beteiligung am Völkermord gefunden hatten. Vielmehr waren in der lokalen Bevölkerung viele Stimmen laut geworden, die Ananie Nzabonimpa ein hohes Engagement zum Schutz der Tutsi bescheinigten. Ohne ihn hätte es viele Überlebende nicht gegeben, sagten sie.

Ab 2003 arbeitete er wieder als Angestellter in Kanama. Als ab 2005 Gacaca landesweit durchgeführt wurde, musste auch Ananie Nzabonimpa mehrfach als Zeuge aussagen. Versuche, ihn dabei erneut der Teilnahme am Völkermord zu beschuldigen und anzuklagen, scheiterten, weil Zeugen zu seinen Gunsten aussagten. Dieser Zustand dauerte bis 2008, da hatten die Anschuldigungen plötzlich Erfolg, und zwar gleich zweifach. Sowohl das Gacaca-Gericht in seiner Heimatgemeinde Kanama als auch das Gacaca-Gericht im Nachbarsektor Nyundo eröffneten ein Verfahren gegen ihn. Die Anklagepunkte waren identisch, nämlich a) Versammlungen abgehalten zu haben, um die Bevölkerung zur Begehung von Völkermordverbrechen aufzustacheln, b) die Bevölkerung dazu angestiftet zu haben, Massaker zu begehen, c) den Befehl zur Errichtung von Straßensperren gegeben zu haben, um dort Tutsi zu identifizieren und zu töten und d) Gewehre angenommen und verteilt zu haben, damit mit diesen Massaker begangen werden.

Das Gacaca-Gericht von Nyundo sprach ihn frei, das von Kanama hingegen verurteilte ihn zu einer lebenslangen Freiheitsstrafe in Einzelhaft. Bei den Urteilsberatungen beider Gerichte war ein offizieller Gacaca-Beauftragter anwesend, der von den Richtern eine Verurteilung des ehemaligen Bürgermeisters Ananie Nzabonimpa verlangte. Im Kanama beugten sie sich dem Druck und lieferten das gewünschte Urteil, in Nyundo nicht. In einem Entschuldigungsschreiben an die vorgesetzte Gacaca-Behörde erklärten die Gacaca-Richter von Nyundo ihren »Ungehorsam« damit, dass sie bei einer Verurteilung des Bürgermeisters Angst vor der Reaktion der Bevölkerung gehabt hätten, die von dessen Unschuld überzeugt gewesen sei.

Ananie Nzabonimpa legte umgehend Rechtsmittel gegen die Verurteilung durch das Gacaca-Gericht vom Kanama ein. In einem Schreiben an die Leiterin der nationalen Gacaca-Behörde wies die Ehefrau des Verurteilten auf die Ungereimtheiten des Verfahrens von Kanama hin – Entlastungszeugen seien bedroht und Tatvorwürfe willkürlich erweitert worden – und hob noch einmal Ananie Nzabonimpas Einsatz zur Rettung verfolgter Tutsi hervor. Andere Schreiben, die auch schon dem Gacaca-Gericht von Kanama vorgelegen hatten, wurden ebenfalls an die Behörde in Kigali weitergeleitet. Darunter war ein Schreiben, in dem geschildert wurde, wie Bürgermeister Ananie Nzabonimpa schon ab 1992 den mit tödlicher Wut verfolgten Tutsi in der Nähe der Gemeindeverwaltung Obdach gegeben habe, wie er, als der Völkermord begann, versucht hatte, Tutsi in den rettenden Kongo zu schleusen, und wie er selbst, weil als Freund der Tutsi und FPR-Sympathisant verschrien, immer stärker unter Druck geraten war. Noch im kongolesischen Flüchtlingslager sei er darum seines Lebens nicht sicher gewesen. Und auch ein Schreiben war darunter, in dem Tutsi aus Kanama, die dank Ananie Nzabonimpa den Völkermord überlebt hatten, sich für diesen einsetzten. Es war namentlich von 51 Überlebenden unterzeichnet.

Zuständig für die Berufungsverhandlung war auf Weisung der obersten Gacaca-Behörde ein Gacaca-Gericht in Kigali, das nach Kanama anreiste, um dort zu tagen. Doch auch vor diesem Gericht sollte sich Anfang 2009 die Verhandlung ganz ähnlich abspielen wie schon zuvor. Entlastungszeugen kamen nicht zu Wort, Unerschrockenere unter den Überlebenden, die auf ihrer Wortmeldung beharrten, wurden vom Präsidenten des Gacaca-Gerichts eingeschüchtert, einige berichteten gar von einer Pistole, die unter einem Stoß Papier auf den Richtertisch gelegen habe. Ausgiebig zu Wort kamen nur die Belastungszeugen, die den Bürgermeister nicht einmal persönlich kannten und nur vom Hörensagen wussten, wessen er beschuldigt wurde. Das Urteil des Berufungsgerichts lautete dann auch so, wie es schon in Kanama gelautet hatte: schuldig in allen Anklagepunkten, lebenslange Freiheitsstrafe in Einzelhaft. Rechtsmittel gegen das Urteil ließ das Gericht nicht zu.

Vom Gefängnis aus versuchte Ananie Nzabonimpa mehrfach, eine Kopie des Urteils zu bekommen. Jedes Mal erfolglos. Auch der 2010 von der Familie und von Freunden eingeschalteten NGO »Anwälte ohne Grenzen«, die von Kigali aus ein Gacaca-Monitoring betrieb, gelang es nicht, Einsicht in die Verfahrensakten zu nehmen oder in den Besitz einer Urteilsabschrift zu kommen. Zwischenzeitlich verlor sich zudem noch für Wochen die Spur Ananie Nzabonimpas, da er, ohne dass seine Familie vorher informiert worden war, in andere Gefängnisse verlegt wurde.

Meine eigenen, im Jahr 2012 einsetzenden Versuche, zusammen mit einem ruandischen Anwalt Einsicht in die Verfahrensunterlagen zu nehmen und das Urteil zu kopieren, scheiterten auf geradezu groteske Weise. Nach einem anfänglichen Gespräch mit Domitilla Mukantaganzwa, der Leiterin der obersten Gacaca-Behörde, in dem sie mir versicherte, in den Prozessen von Kanama und Kigali sei alles strikt nach Recht und Gesetz abgelaufen, mich aber auf meine wiederholten Nachfragen hin an ihren Mitarbeiter Denis Bikesha verwies, begann ein Verwirrspiel aus scheinheiligen Zusicherungen, platten Ausflüchten und tatsächlichen Fluchten vor einem Deutschen und seinem ruandischen Anwalt, die sich auf nichts weiter als das verbriefte Recht eines jeden in Ruanda gerichtlich Verurteilten auf ein Urteil beriefen, das ein transparentes und ordnungsgemäßes, das heißt insbesondere die Rechte der Verteidigung beachtendes Verfahren spiegelt (Artikel 19 der ruandischen Verfassung). Ein Urteil, das entgegengesetzten Kriterien gehorcht, ist damit naturgemäß nicht vereinbar, was jedoch ohne Kenntnis des Urteils nicht nachzuweisen ist, woraus unschwer folgert, dass die Kenntnis eines Urteils ebenfalls zu den Garantien des Verfassungsartikels 19 gehört.

Das Urteil jedoch bekamen wir nicht, folglich auch nicht den besten Nachweis eines fehlerhaften Verfahrens, obwohl es beim ersten Gespräch mit Denis Bikesha direkt vor uns auf dessen Schreibtisch lag, von dort aber bald in der Schublade verschwand, wie es auch danach noch einige Male, als es für uns – nicht zuletzt weil die Erinnerung an gemeinsame Studienzeiten des jeweils urteilsverwahrenden Juristen und meines ruandischen Anwalts sehr lebendig war (der Studienfreund: »Ich muss nur kurz Rücksprache halten. Kommen Sie morgen wieder, dann bekommen Sie es, das verspreche ich Ihnen«) – in erreichbarer Nähe schien, nur um danach umso tiefer in der Versenkung zu verschwinden. Es war ganz wie bei Ananie Nzabonimpas letztem Versuch im Jahr 2012, gut vier Jahre nach der Verurteilung, Kenntnis vom Urteils zu erhalten. Seine Frau fuhr mit seinem an Domitilla Mukantaganzwa persönlich gerichteten Antrag nach Kigali. Sie fuhr die zirka 120 Kilometer per Bus an einem Dienstag, an einem falschen Tag, wie man ihr auf der Gacaca-Behörde mitteilte, denn Anträge oder Briefe »von außerhalb« könnten nur mittwochs abgegeben werden. Doch als ein Bekannter der Familie dann am folgenden Mittwoch den Brief abgeben wollte, beschied man ihm, jetzt sei es zu spät, jetzt könne man das Schreiben nicht mehr in Empfang nehmen. »Ich bin derzeit etwas verwirrt, denn ich frage mich, ob ich überhaupt das Recht habe, eine Kopie der Urteile, die mich verurteilt haben, zu bekommen und zu behalten«, fragte daraufhin ein leise verzweifelter Ananie Nzabonimpa eine andere offizielle Stelle in Ruanda. Eine Antwort hat er nicht erhalten. Bis heute nicht.

Ananie Nzabonimpa war und ist mit seinem Schicksal nicht allein. Da das Habyarimana-Regime eine genozidale Vernichtungspolitik plante, mussten notwendigerweise, so die offizielle Meinung in Ruanda, auch die Bürgermeister als direkte Vertreter des Staatspräsidenten in den Gemeinden in die Völkermordplanung eingebunden gewesen sein. Dass die Realität weitaus komplexer war, genozidale Planungen, so es sie gab, mit situativen Gewalteskalationen alternierten, auf allen Ebenen der Gesellschaft massiver Widerstand geleistet wurde und große Bereitschaft zur Rettung von Tutsi existierte, das passte nicht ins propagierte Bild. Mindestens 47 Personen, Hochschullehrer, Juristen und ehemalige Funktionsträger saßen Ende 2012 noch im Gefängnis von Kigali, ohne jemals eine Anklageschrift gesehen zu haben. Proteste gegen willkürliches Vorgehen in Gacaca-Verhandlungen wurden gewaltsam unterdrückt, wer vernehmlich protestierte, wurde zusammengeschlagen, inhaftiert oder selbst wegen Völkermord angeklagt.

Waren das, summa summarum, doch nur Einzelfälle, die mir zufällig zu Gehör gekommen sind? Ersteres glaube ich nicht, dazu sind allein die Versuche des ruandischen Staates und der nationalen Gacaca-Behörde, die Gacaca-Justiz als ein Erfolgsmodell zu präsentieren, zu unnachgiebig und autoritativ. Alles war nicht nur gut, sondern *sehr* gut (die Behörde: »Gacaca-Gerichte beendeten ihre Aktivitäten erfolgreich und die Ruander sind stolz auf den riesigen Schritt, den sie gemacht haben«), Zweifel daran wurden mit aller Macht unterdrückt. Gelangten solche Fälle dennoch in eine auch nur begrenzte Öffentlichkeit, war dies, wie sicher anzunehmen ist, nur die sprichwörtliche Spitze des Eisbergs.

Das Maß der Unterdrückung korrespondiert erfahrungsgemäß mit der Angst der Mächtigen vor einer Schwächung ihrer Macht durch Fragen an die diese begründenden Wahrheiten. Und was die Umstände angeht, durch die ich Zugang zu der kleinen kritischen Öffentlichkeit erhalten habe, so glaube ich nicht an Zufall. Häufigere und längere Aufenthalte in Ruanda haben mir langfristige Kontakte ermöglicht und geholfen, das Vertrauen aufzubauen, das nötig ist, um in heikle und für die Beteiligten potentiell sehr gefährliche Angelegenheiten einbezogen zu werden. Es hat mir ein überaus ernüchterndes Bild von Gacaca verschafft, welches sich sehr von dem unterscheidet, das sich bei anderen Autoren findet.

Es mag eine gewisse Attraktivität besitzen, aus der Perspektive der nördlichen Hemisphäre, die der südlichen und insbesondere der afrikanischen so oft und so deutlich überlegen ist, ein Projekt zu besichtigen, das größtes menschliches Leid augenscheinlich mit der Fähigkeit verbindet, darauf eine geeinte, friedliche Gesellschaft aufzubauen. Statt wie im Norden, wo, wenn sie denn überhaupt stattfanden, zur Aufarbeitung gedachte Strafprozesse oft fragile und in jedem Fall sehr umstrittene Resultate erzielt hatten, vollzog sich im Süden – und dort in einer seiner dunkelsten Regionen – ein auf Einsicht, Kooperation und der Kraft des Wortes beruhender Aufarbeitungsprozess. Der Beobachter war positiv gestimmt und wollte es auch bleiben. Und so wurden Dinge zusammengebracht, die nicht zueinander passten, Zweifel mit Behauptungen, die markante positive Botschaften aussandten, beseitigt. Es ist eben die Frage, ob die resümierende Feststellung, es sei besser gewesen, Recht zu sprechen, wenn auch unbefriedigend, als das Recht völlig außen vor zu lassen, sinnvoll aufrechtzuerhalten ist. Oder ob vielmehr eine Justiz, die weitestgehend als parteilich und ungerecht empfunden wird und die trotzdem den unbedingten Anspruch vertritt, eine Justiz zu sein, die im Namen der Gerechtigkeit agiert, nicht doch schlechter ist als gar keine Justiz. Was ist die Aussagekraft des Begriffs »asymmetrische Prävention«, mit dem die Justiz der Gacaca-Verfahren sprachlich beschönigt wird, wenn dahinter nichts anderes steht als eine partielle Rechtsanwendung, die eine Seite bestraft und über die Bestrafung von der Begehung weiterer Straftaten abhalten soll, während – im selben Staat – die andere Seite, die zwar keinen Völkermord, aber ungezählte Massenmorde begangen hat, unbestraft bleibt, deren Verbrechen sich also auszahlen, weil sie dadurch die zur einseitigen Rechtsanwendung erforderliche Macht erhalten hat? Wie kann unter solchen Voraussetzungen überhaupt von einer Prävention gesprochen werden, wo doch nur brutal demonstriert worden ist, dass Verbrechen auch vor nachträglicher Bestrafung schützen?

Aber es gab doch die internationale Strafjustiz, mag an dieser Stelle einwenden, wer von der Existenz des internationalen Strafgerichtshofs im tansanischen Arusha weiß. Seine Untersuchungsbeamten hatten, unter teilweise schwierigsten Bedingungen, Ermittlungen eingeleitet und seine

7. Verlauf und Abschluss der Aufarbeitung

Richter hatten ab 1998 erste Urteile gefällt. Sachverhalte waren entwickelt, historische Zusammenhänge dargestellt worden, hoch- und höchstrangige Täter hatten sich verantworten müssen und waren bestraft worden. Mit anderen Worten, ein Stück Gerechtigkeit war praktiziert worden, gegen das der Verweis auf die Zynismen der Realpolitik deplaziert wirkte. Täter waren bestraft worden, was konnte daran falsch sein?

Und dennoch blieb und bleibt auch hier ein Unbehagen. Es hat wenig bis gar nichts zu tun mit der schon im Frühstadium der Gerichtsexistenz geübten Kritik an dessen Verwaltung und Kostenstruktur, eine Kritik, die hauptsächlich Ruanda äußerte und die Ruanda, das kostengünstigere und effektivere Modell der Gacaca-Justiz vor Augen, immer mal wieder während der gesamten Dauer dieser internationalen Strafjustiz anklagend wiederholte. Diese Kritik ist in Teilen und trotz eigener ruandischer Versäumnisse nachzuvollziehen, wenn man an die Lebenssituation Überlebender und an das häufig und von verschiedenen Seiten im Land artikulierte Gefühl, zum bevormundeten Objekt internationaler Rechtsanwendung geworden zu sein, denkt.

Das Unbehagen hat schon wesentlich mehr damit zu tun, dass Ruanda offen oder verdeckt Urteile des Gerichtshofs kritisierte und Ermittlungen zu beeinflussen suchte, sobald diese in eine ihm nicht genehme Richtung zu verlaufen drohten. Stieß ein Urteil wegen eines zu geringen Strafmaßes oder eines Freispruchs auf den Unmut ruandischer Opferorganisationen, wurden aus ihren Reihen umgehend Forderungen laut (und mittels Demonstrationen vor dem Büro des Gerichtshofs in Kigali eindrücklich unterstützt), die Zusammenarbeit mit »Arusha« zu beenden. Mit einem Gericht, das den Völkermord leugne, dürfe nicht kooperiert werden, hieß es dann. Ermittlern des Gerichts sei die Einreise nach Ruanda zu untersagen, ruandischen Zeugen die Ausreise nach Arusha zu verweigern.

In einigen Fällen war die Entrüstung der Überlebenden durchaus verständlich. Nach Jahren der Verfahrensdauer mit vielen aus Ruanda angereisten Belastungszeugen, die vor Gericht zum Teil schwierige, psychisch herausfordernde Befragungen durchzustehen hatten, mit einem Urteil konfrontiert zu werden, das Zweifel an der Täterschaft des Angeklagten erkennen lässt und ihn daher nach dem *In-dubio-pro-reo*-Grundsatz freispricht oder das aufgrund von eklatanten Verfahrensfehlern der Vorinstanz zum selben Ergebnis kommt, ist eine ernüchternde, schockierende und gewiss auch demütigende Erfahrung. Andererseits erfordert die Natur der zur Verhandlung stehenden Verbrechen eine große Sensibilität des Gerichts, um das Prinzip des *fair trial* nicht zu gefährden. Der Auftritt von Zeuginnen und Zeugen ist elementarer Bestandteil eines rechtstaatlichen Verfahrens. Ihre Aussagen, in denen sich Schreckliches spiegelt, vermögen das Gericht jedoch auch in eine Grundstimmung zu versetzen, die sich manchmal schwer mit der Unschuldsvermutung zugunsten der Angeklagten in Einklang bringen lässt. Sie kann zudem noch durch das Etikett *génocidaires*, das den Angeklagten durch die Öffentlichkeit angeheftet wurde, verstärkt werden, so dass es möglich ist, dass Angeklagte über Jahre, vereinzelt zehn Jahre und länger in Untersuchungshaft sind, danach freigesprochen und, ohne eine Entschädigung zu erhalten, aus dem Räderwerk der internationalen Justiz ausgespuckt werden. Die Betroffenheit der Welt über die Völkermordverbrechen von Ruanda geht mit dem daraus resultierenden Wunsch einher, die dafür Verantwortlichen bestraft zu wissen, eine zwar überaus verständliche, in der konkreten Folge nichtsdestoweniger nicht unproblematische Reaktion insofern, als sie einen Bestrafungsdruck entstehen lässt, der in besonderer Weise gerade auf das Gericht wirkt. Und besonders wirkt er dann, wenn er von einer Seite wie der offiziellen ruandischen ausgeübt wird, die für sich beansprucht, »genau zu wissen, was geschehen ist« und dieses Wissen anerkannt sehen will. Je höher die Stellung einer Person im Staatsapparat gewesen ist, desto stärker war er nach offizieller ruandischer Überzeugung in den Völkermord verstrickt. Einen Offizier, Bürgermeister, Präfekten oder Minister, der nicht »irgendwie« am Völkermord beteiligt war, kann es nicht gegeben haben. Dass von den offiziell gezählten 309.000 Völkermordüberlebenden (zirka ein Drittel der Tutsi-Bevölkerung) zwischen achtzig und neunzig Prozent von Hutu gerettet wurden, auch von sozial hochstehenden, ändert an dieser Wahrheit nichts. Sie ist so unumstößlich wie eine zweite offizielle Wahrheit, wonach die FPR völlig unbeteiligt an jedem Verbrechen war. Wenn es im Zuge der Eroberung des Landes zwischen April und Juli 1994 und danach zur Konsolidierung der Macht zu Verbrechen gekommen ist, dann waren es Racheakte aus Verbitterung über das Grauen, das die vorrückenden Soldaten der FPR kennen lernen mussten. Einzelfälle, mehr nicht. Bedauerlich zwar, aber letztlich nicht zu vermeiden. Wer behauptet, diese Verbrechen seien systematisch und auf Befehl begangen worden, verbreite Lügen und verhöhne den Kampf zur Beendigung des Völkermords.

Carla Del Ponte, seit September 1999 Chef-Anklägerin des Ruanda-Tribunals, hielt sich nicht an diese Warnung – womit wir bei einem weiteren Aspekt angelangt wären, der ein deutliches Unbehagen über Ruandas Rolle in der Judikatur des Gerichtshofs weckt. Schon ein gutes Jahr nach ihrer Amtsübernahme hatte Del Ponte genügend belastbare Hinweise dafür gesammelt, dass FPR-Soldaten 1994 in großem Maßstab Verbrechen an der Zivilbevölkerung begangen hatten. Eine Überstellung von FPR-Offizieren an den Gerichtshof zu erwarten, sei allerdings illusorisch, machte Präsident Kagame der Chef-Anklägerin Del Ponte in wenig diplomatischen Worten klar. Doch Carla Del Ponte ließ nicht locker und beharrte, angetrieben von der Befürchtung, der Gerichtshof könne in den Ruch der »Siegerjustiz« geraten, auf Ermittlungen in alle Richtungen, also auch gegen FPR-Offizielle.

Die Atmosphäre zwischen der Anklagebehörde in Arusha und der ruandischen Staatsführung verschlechterte sich weiter. Ruanda suchte den Schulterschluss mit Großbritannien und den USA, um verstärkt Druck auf Del Ponte ausüben zu können. Großbritannien brauchte eigentlich nicht überzeugt zu werden, denn London verfolgte bekanntlich seit 1994 mit einiger Sympathie die Politik des neuen Ruanda und hatte kein Interesse an einer Destabilisierung des Regimes infolge einer Anklageerhebung gegen einige seiner Vertreter. Die USA folgten der britischen Argumentation, zumal Ruanda, gewissermaßen als Vorleistung, im März 2003 ein Abkommen mit Washington gegen den noch jungen ständigen Internationalen Strafgerichtshof geschlossen hatte (keine Auslieferung US-amerikanischer Staatsbürger durch Ruanda an das Gericht; kein Beitritt Ruandas zum Statut von Rom, das den Internationalen Strafgerichtshof begründete). UN-Generalsekretär Kofi Annan war ebenfalls bald von der Lösung eingenommen, von der sich Ruanda eine Ablösung Carla Del Pontes vom Posten der Chef-Anklägerin für das Ruanda-Tribunal versprach. Die Zuständigkeit der Anklagebehörde, die sich auch auf das UN-Tribunal für das ehemalige Jugoslawien erstreckte, sollte künftig, so der Plan, geteilt werden, was für Carla Del Ponte den Verlust einer ihrer beiden Zuständigkeiten bedeuten würde, idealerweise die für das Ruanda-Tribunal. Im Gegenzug sollte Ruanda zusichern, die Verfahren gegen beschuldigte FPR-Offiziere selbst durchzuführen.

Der Plan wurde genau so umgesetzt. Das zuletzt noch in durchaus subversiver Absicht von Carla Del Ponte gemachte Angebot, freiwillig auf die Zuständigkeit für das Jugoslawien-Tribunal zu verzichten und dafür die Zuständigkeit für das Ruanda-Tribunal zu behalten, lehnte Kofi Annan ab. Der UN-Sicherheitsrat beschloss im September 2003 die Aufteilung der Kompetenzen des Anklägers für die UN-Tribunale, womit Carla Del Ponte nicht mehr länger für das Ruanda-Tribunal zuständig war. Sie war auf elegante Weise kaltgestellt worden, Ruanda hatte obsiegt und die Verfolgungshoheit über die eigenen Straftaten zurückerhalten – eine fragwürdige, ernüchternde Entscheidung nicht nur für die ehemalige Chef-Anklägerin des Ruanda-Tribunals.

Man könnte es sich einfach machen und darauf verweisen, dass das Gericht in Arusha eben nur über Taten der Völkermörder, die alle Hutu waren, und über die diese begleitenden Taten an den sogenannten »gemäßigten Hutu« (in erster Linie Verbrechen gegen die Menschlichkeit) urteilte. Die Verbrechen der FPR seien ignoriert worden, weil sie nicht zum eigentlichen Tatgeschehen gehörten. Nur Völkermörder seien abgeurteilt worden, und das bis in die höchsten Ränge hinein.

Einfach wäre diese Sichtweise vor allem deshalb, weil sie sich auf eine verbreitete und darum bekannte Wahrnehmung vom Völkermordverbrechen als »crime of crimes« stützen könnte. Aus einem Verbrechen außerhalb der im Nürnberger Kriegsverbrecherprozess 1945/46 formulierten Trias »Verbrechen gegen den Frieden, Kriegsverbrechen und Verbrechen gegen die Menschlichkeit« ist heute, trotz der jahrzehntelangen Stille nach der Verabschiedung der Völkermordkonvention im Dezember 1948, ein Verbrechen geworden, das als Inbegriff weltweit vorkommenden Unrechts gilt. Die Völkermordliteratur ist mittlerweile unüberschaubar geworden. Monographien gehen der Entstehung, dem Inhalt und der Reichweite des Genozidbegriffs nach und Zeitschriften zur Genozidforschung untersuchen vergangene Phänomene von Massengewalt unter immer wieder neuen Fragestellungen. Zudem hat sich ungefähr seit der Jahrtausendwende an vielen Hochschulen insbesondere im angloamerikanischen Raum eine Disziplin etabliert, die unter der Bezeichnung *Genocide Studies* oder *Holocaust and Genocide Studies* Einblick in die tiefsten Abgründe menschlichen Verhaltens nimmt, die Dynamik der Gewalt wissenschaftlich zu erfassen sucht und Ansätze zu einer Genozidprävention entwickelt. Das Verbrechen des Völkermords, zumal wenn er mit dem Holocaust in Verbindung gebracht wird, weckt Assoziationen an Massaker, die wie Unheil über Menschen kommen und einzig und allein dem Motiv der Vernichtung folgen. Versuche, durch einen Blick auf den situativen Gewaltkontext Differenzierungen vorzunehmen und die ausufernde Genozidtypologie zu begrenzen oder sogar den pauschalisierenden Genozidbegriff mangels analytischer Schärfe durch eine verstärkte empirische Untersuchung von »extrem gewalttätigen Gesellschaften« zu ersetzen beziehungsweise zumindest zu ergänzen, schlugen weitgehend fehl. Im Wechselspiel von juristischer Engführung des Genozidbegriffs und simplifizierender medialer Berichterstattung blieb Völkermord das Massenverbrechen, das an der Spitze aller menschengemachten Scheußlichkeiten steht.

Es spricht also vorderhand einiges für die Verfahrensweise des internationalen Gerichts in Arusha. Und natürlich ist auch nichts dagegen zu sagen, dass das Gericht Dutzende von hochrangigen und einflussreichen Personen wegen Völkermords verurteilt hat. Es hat dabei wesentliche materiellrechtliche und dogmatische Fragen behandelt (so hinsichtlich der Tatmodalitäten bei der Begehung von Völkermord, der Rolle von Medien oder der Verantwortlichkeit von Vorgesetzten) und wichtige Tatsachenfeststellungen getroffen (keine nachweisbare Planung des Völkermords vor dem 7. April 1994, dann dessen explosionsartiger Beginn und spätere beflissene, oft planvolle Durchführung unter Beteiligung von staatlichen und kirchlichen Stellen, von Milizen, Armee und seitens der Bevölkerung). Gleichwohl bleibt der Befund gültig, dass das Gericht von Arusha einem politischen Vorverständnis folgte, ohne erkennbaren Widerstand.

Schon vor seiner Einsetzung bekannt gewordene Berichte über Massaker an der Hutu-Bevölkerung verschwanden in Schubladen der UN-Bürokratie. Spätere Erkenntnisse, die ans Licht brachten, dass die Zahl der von der FPR allein im Jahr 1994 Getöteten sich wahrscheinlich auf etwa 100.000 belief und die von Ruanda geführten Kriege im Kongo den Graben zwischen Hutu und Tutsi noch weiter aufrissen, bewegten das Gericht zu keiner anderen Haltung. Selbst das, entgegen erfolgter Zusicherung, eklatante Desinteresse Ruandas an einer Strafverfolgung »eigener« Täter von Kriegsverbrechen und Verbrechen gegen die Menschlichkeit zeitigte keine Folgen.

Lassen wir einmal das große Wort »Versöhnung« beiseite: Wenn es stimmt, dass es eine Generation braucht, ehe darüber nachgedacht werden kann, was wirklich passiert ist – in Deutschland, wo Täter und Opfer größtenteils nicht in einem Land lebten, wurde zum Beispiel erst in den 1960er Jahren mit einer nennenswerten Aufarbeitung des NS-Unrechts begonnen –, dann ist es umso dringlicher, dass vorher eine möglichst umfassende Tatsachenfeststellung stattgefunden hat (wie in Deutschland durch die Nürnberger Prozesse). Ermittlungen vorzeitig einzustellen, Ermittlungsergebnisse zu unterdrücken oder sie, im Wissen um deren dilatorische Behandlung, anderen Strafverfolgungsbehörden zur Verfügung zu stellen, zerstören das Fundament der Aufarbeitung, indem sie es in eine Schieflage bringen, die die prospektive innergesellschaftliche Versöhnung ins Nichts rutschen lässt. Inseln der Versöhnung, die es in Ruanda infolge der in Arusha partiell gelungenen Vergangenheitsaufarbeitung geben mag, werden dem, so ist zu befürchten, nicht standhalten. Dazu ist die Zahl derer, denen in Arusha kein Angebot der Anerkennung eigener Leiderfahrung gemacht wurde, zu groß.

Hinzu kommt noch ein Zweites: Die anzustrebende Opfergerechtigkeit mittels einer völkerrechtlichen Strafe ist noch um einen Aspekt zu ergänzen, der sich an einen größeren Adressatenkreis richtet als den der Opfer. Vor allem den Menschen in dem von Völkerrechtsverbrechen betroffenen Land soll durch Prozess, Urteil und Strafvollzug kommuniziert werden, dass die durch die Tat verletzte Ordnung fortgilt. Eine menschenrechtswidrige, verbrecherische Ordnung ist nicht der Normalzustand, die Erwartungen der Politik und des sozialen Umfelds in dieser anderen Ordnung verpflichten die Menschen zu einem normkonformen Verhalten, das das Recht auf den Kopf stellt. Sich dagegen aufzulehnen, nicht mitzumachen, wenn der politische oder soziale Erwartungsdruck steigt, ist das Signal, das die Bestrafung eines Völkerrechtsverbrechens aussendet. Gefordert ist, mit anderen Worten, Renitenz, Resistenz oder, allgemeiner formuliert, Zivilcourage. Allerdings kann die Forderung sinnvollerweise nur erhoben werden, wenn das Signal eindeutig ist. In Bezug auf ein und dieselbe Gesellschaft hier Verbrechen zu bestrafen und dort Verbrechen vergleichbarer Schwere unbestraft zu lassen, obendrein aus durchsichtigen polit-opportunistischen Gründen, wird die Einsicht in die Notwendigkeit der Beachtung elementarer Menschenrechte nicht stärken, sie wird sie weiter erodieren lassen. In Anbetracht der unseligen »Kultur des Gehorsams« in Ruanda ist das eine deprimierende Feststellung.

Am Ende kommt es damit zu einem merkwürdigen Ergebnis. Die Menschen in Ruanda, zumindest die große Mehrheit unter ihnen, lehnen den Gerichtshof von Arusha ab. Seine Urteile betreffen sie nicht und interessieren sie auch nicht. Und das offizielle Ruanda lehnt den Gerichtshof ebenfalls ab. Obwohl er dem Land weit entgegengekommen ist, agierte er in seinen Augen zu zögerlich und oft genug falsch. Er hat die Erinnerung an den Völkermord wach gehalten, dabei jedoch eine große Distanz zu den Opfern und deren Lebenssituation an den Tag gelegt. Zufrieden zu sein scheinen nur der Nachfolger von Carla Del Ponte in der

Anklagebehörde, die Richterinnen und Richter des Arusha-Gerichts sowie, in den Feier- und Gedenkstunden, die Vertreter der Staaten, die das Geld zu seiner Finanzierung zur Verfügung gestellt haben.

8. Über den Versuch,
eine Deutungsautorität herzustellen

Auf den letzten Seiten des in einem Buch dokumentierten Gesprächs zwischen Esther Mujawayo, einer Überlebenden des ruandischen Völkermords, und der Journalistin Souâd Belhaddad, wird auch der Französin Simone Veil das Wort gegeben, die Auschwitz und Bergen-Belsen überlebt hat. Beide verbinde, so Souâd Belhaddad einleitend, das Schicksal, »die monströse Universalität der größten Tragödien unserer jüngsten Geschichte« erlebt haben zu müssen. Was dies konkret bedeutet – im täglichen Leben, in der Familie, in der Sicht auf die Umwelt und sich selbst – entwickeln Esther Mujawayo und Simone Veil im anschließenden Gespräch. Es ist ein ständig wiederkehrendes Erleben von Desinteresse, Ablehnung, Hilflosigkeit, Schweigen, Selbstzweifel und schwierigen, schmerzhaften Redeversuchen. Beide sind Opfer eines Verbrechens geworden, das ihnen und Millionen anderen wegen ihres Tutsi- beziehungsweise Jüdin-Seins das Lebensrecht abgesprochen hat, und beide sind Opfer geblieben. Einem kollektiven Vernichtungswillen ausgesetzt gewesen zu sein, ist eine Erfahrung, die sie nicht mehr loslässt. Und es ist etwas, das die schreckliche Besonderheit des erfahrenen Unrechts ausmacht. Ein Völkermord, sagen sie übereinstimmend, sei nicht mit anderen Verbrechen gleichzusetzen, darin bestärkt von der Gesprächsmoderatorin Souâd Belhaddad, für die die vorschnelle Charakterisierung eines Konflikts als Völkermord, so barbarisch der Konflikt auch sein mag, eine Form von Relativierung des Völkermordverbrechens darstellt. »Keine Relativierung«, das sei ein grundlegendes Prinzip des langen Gesprächs zwischen ihr und Esther Mujawayo gewesen, zusammen mit einem zweiten, nicht minder grundlegenden: nicht nach dem Grund für den Genozid zu fragen. »Wir wollten nicht versuchen zu verstehen«, sagt Souâd Belhaddad.

Aus der Perspektive des Opfers ist diese Haltung verständlich, und man neigt dazu, sie bereitwillig hinzunehmen. Wer wollte auch dem Opfer schlimmster Gewalt das Recht absprechen, das erfahrene Unrecht als unvergleichlich zu empfinden und jedem – vielleicht noch von dritter Seite herangetragenen – Versuch des Verstehens, also der nachträglichen Sinngebung, mit resoluter Zurückweisung zu begegnen. Auf den zweiten Blick jedoch erweist sich diese Haltung als problematisch. Indem Esther Mujawayo nämlich das eigene Leid absolut setzt, überträgt sie die Absolutheit der Leiderfahrung auf die Erzählung der Leidensgeschichte, das heißt auf ihr Leben als Tutsi in einem Hutu-dominierten Ruanda sowie auf ihre Wahrnehmung und Schilderung der politischen und sozialen Verhältnisse. Über fast das gesamte Buch hinweg beschreibt Esther Mujawayo ihr Leid, das sie schließlich, im Gespräch mit Simone Veil, in Verbindung setzt zu einem individuellen, im Holocaust erfahrenen Leid. Die Parallelen, die dabei erkennbar werden, vermitteln unweigerlich den Eindruck, dass die Leidensgeschichte Esther Mujawayos, denn nur diese haben wir in einzelnen, ihr bedeutsam erscheinenden Stationen kennen gelernt, ebensolche Parallelen mit der Leidensgeschichte Simone Veils aufweist. Der Völkermord in Ruanda war also wie der Holocaust, das ist, in den Worten des ersten Eindrucks formuliert, die sich zwangsläufig einstellende Folgerung aus dieser Parallelität. Esther Mujawayos Erzählung wird auf diese Weise im Ergebnis in dreifacher Weise beglaubigt, zum einen durch ihr eigenes Leid und zum zweiten durch das Leid Simone Veils sowie – implizit – durch den Holocaust. Nachfragen sind nicht erlaubt, ein »warum« ist nicht zulässig.

Das Problematische an diesem Vorgehen ist offensichtlich. Aus dem unbestrittenen Status als Opfer wird die Autorität zur Geschichtsdarstellung und, da Darstellungen gewöhnlich Worte brauchen, Worte aber nach einem Vorverständnis gefunden werden, auch die Autorität zur Geschichts*interpretation* gefolgert. Das eigene Schicksal wird Beweismittel und schützt zugleich vor kritischen Nachfragen, denn diese werden leicht als Angriff auf den Wahrheitsgehalt des eigenen Erlebens verstanden.

Der Grund für dieses Ineinandergreifen von individueller und objektiver Ebene ist ein kulturgeschichtliches Novum. Beginnend mit der Reaktionsbildung auf die Zivilisationskatastrophe des Holocausts – erinnert sei hier insbesondere an die »Opfermemoiren« und ihre Rezeption – werden Opfererzählungen heute moralisch positiv konnotiert, und in der Folge davon hat die soziale Rolle des Opfers eine Umwertung erfahren. Was das Opfer mitzuteilen hat, gilt als besonders wichtig und lässt ihm eine moralische und Deutungsautorität zuwachsen. Und diese ist eben, wegen der ihm zugeschriebenen Singularität, im Kontext des Holocausts besonders hoch. Darum auch, wie am Schluss der Erzählung Esther Mujawayos, die Einbeziehung des Holocausts in das Gespräch über die Person Simone Veils. Wenn beide Völkermorde deutliche Parallelen aufweisen, ist die Zeugenschaft einer Überlebenden des ruandischen Völkermords letztlich unhinterfragbar. – So weit die den Inhalt des Gesprächs zwischen Souâd Belhaddad und Esther Mujawayo validierende Schlussbotschaft des Buchs. Verständlich, aber doch falsch.

Sie ist vor allem falsch, weil schon die Voraussetzung nicht stimmt. Der Völkermord von Ruanda kann zwar mit dem Holocaust verglichen, keinesfalls jedoch mit ihm im Hinblick auf Entstehung, Form und Verlauf der Gewalt gleichgesetzt werden. Er war kein afrikanischer Holocaust, und die ruandischen Tutsi waren und sind keine afrikanischen

Juden. Es gibt Unterschiede zwischen beiden Völkermorden, deutliche und weniger deutliche.

Zu den Ersteren gehört, dass das Morden in Ruanda ausschließlich im Land selbst geschah, während es im Holocaust vom Deutschen Reich ausging und in ganz Europa stattfand, vornehmlich jedoch in den besetzten Gebieten Osteuropas. Das bedeutet auch, dass in Ruanda das Wissen um die Verbrechen von Anfang an, vom ersten Stoß, Hieb oder Schuss an, vorhanden war. Jeder und jede konnte sehen und hören, was vor sich ging, denn es passierte in aller Öffentlichkeit ohne einen Versuch der Verschleierung. Im Deutschen Reich hingegen wurde nach Kräften versucht, die Massentötungen im Osten zu verheimlichen. Nachrichten über die Ermordung der Juden und über Vernichtungslager sickerten erst im Verlauf des Jahres 1942 durch, doch konnte ihnen, da das Tatgeschehen nicht vor der eigenen Haustür lag, »ostentative Ahnungslosigkeit« entgegengesetzt werden, die die Grenze zwischen tatsächlichem und geheucheltem Nichtwissen verwischte. Möglich war dies auch, weil die Beteiligung der Deutschen am Völkermord, im Verhältnis zur Gesamtbevölkerung gesehen, längst nicht so hoch war wie in Ruanda, und zwar trotz der als sicher anzunehmenden Diskrepanz zwischen offiziellen und realistischen Zahlenangaben hinsichtlich der ruandischen Täter.

Nach den deutlichen, sich an Tatort, Tatwissen und Tatteilnahme festmachenden Unterschieden zwischen dem Holocaust und dem Völkermord in Ruanda nun zu den Punkten, die einen weniger augenfälligen Unterschied markieren. Ich werde mich auf die meiner Meinung nach wichtigsten beschränken.

Beginnen möchte ich mit dem Aspekt der jeweiligen, auf Ausgrenzung und Vernichtung zielenden Ideologien. Über die NS-Ideologie und ihren zentralen Bestandteil, den Antisemitismus, ist dabei wenig zu sagen, da beides als bekannt vorausgesetzt werden kann. Die Geschichte der

Diskriminierung und Verfolgung von jüdischen Minderheiten, mit zigfach verschiedenen Argumenten begründet und geglaubt, läuft auf eine schlichte Erkenntnis hinaus: ob, inwieweit und welcher Art ein Jude anders war als derjenige, der dieses Urteil fällte, hing ab von den Erfordernissen der Stigmatisierung. Etliche negative Attribute wurden ihnen zugedacht, und immer war klar, sie sind anders und eine Bedrohung, der sich die Mehrheitsbevölkerung erwehren muss, gezielt demütigend durch Badeverbote oder untersagte Parkbanknutzung oder brutal eliminatorisch durch Vertreibung und Massenmord. Ein, wie man ihn nennt, »autokatalytischer Prozess« (»wenn sie schon überall verfolgt werden, gilt es wirklich vor den Juden auf der Hut zu sein«) festigte das Gefühl der Bedrohung und legitimierte die Gegenwehr. Dabei stand zu allen Zeiten und Orten objektiv fest: die Unterstellungen, Beschuldigungen und Anklagen waren das Produkt einer prädisponierten Phantasie, pure Erfindung eines übel wollenden Geistes, bereitwillig übernommen von schlichten Gemütern. Wie schrieb doch Jean-Paul Sartre: »Der Jude ist ein Mensch, den die anderen Menschen für einen Juden halten: das ist die einfache Wahrheit, von der man ausgehen muß. [...] Der Antisemit macht den Juden.« Damit war im Rückblick alles gesagt zum »Finanzjudentum«, zur »jüdischen Verschlagenheit« und zur »jüdisch-bolschewistischen Weltverschwörung« oder wie die Erfindungen der NS-Propaganda sonst noch alle lauteten.

Auch in Ruanda wurden Tutsi mit Bezeichnungen bedacht, die sie zu hinterhältigen Feinden abstempelten. *Inyenzi*, Kakerlake, war die wohl bekannteste. Heimtückisch seien die Tutsi, sie griffen aus dem Hinterhalt an und verschwänden schnell wieder, war die erste Bedeutung des Wortes, aus der sich die zweite entwickelte, die zur Vernichtung der Kakerlaken, des Ungeziefers, aufrief. In dieser Entwicklung hin zum für notwendig erachteten Massenmord liegt allerdings ein Punkt, der bereits auf den Unterschied zwischen dem Holocaust und dem Völkermord in Ruanda hinweist. Er lässt sich festmachen an dem Begriff *Inyenzi*. Dieser war über viele Jahre hinweg nicht nur negativ konnotiert, sondern wurde auch zur stolzen Selbstbeschreibung einer Tutsi-Guerilla verwendet, die sich zur Bekämpfung des Hutu-Staates Ruanda gebildet hatte. Ihre Kämpfer waren *Inyenzi*, die nach der Flucht beziehungsweise Vertreibung vieler Tutsi aus Ruanda in den Jahren 1959 bis 1963 versuchten, die neue Hutu-Ordnung zu destabilisieren. Von Uganda aus kommend, griffen sie im Schutz der Dunkelheit an und zogen sich bei Tagesanbruch wieder über die Grenze zurück.

Anders als beim Holocaust gab es also in Ruanda eine tatsächliche Bedrohung durch Angehörige der Bevölkerungsgruppe, die später Opfer eines Völkermords werden sollte. Die Guerilla-Aktionen der *Inyenzi* verstärkten noch die Überzeugung der Hutu in Ruanda (und verliehen auch einer entsprechenden Propaganda der Kayibanda-Regierung die notwendige Glaubwürdigkeit), dass die vormals mächtigen Tutsi nichts unversucht lassen würden, um den Machtverlust rückgängig zu machen und den Verlauf der Geschichte zu korrigieren (das Schicksal der Tutsi, die in Ruanda nach den Angriffen Repressalien ausgesetzt waren, schien jedenfalls ein hinzunehmender Preis zu sein). Die Angst vor einer erneuten Tutsi-Herrschaft blieb eine Konstante in der ruandischen Politik, mit allen autosuggestiven Übertreibungen und beinahe psychotischen Anwandlungen, die einer solchen Politik, wenn sie langfristig geglaubt werden soll, eigen sind.

Unglücklicherweise ist diese Politik zweimal, als sie gerade deutlich an Stärke verlor und sich gegen ihre Urheber wandte, wieder beglaubigt worden. Das erste Mal 1972 infolge des von Tutsi begangenen Massenmords an 100.000 bis 300.000 Hutu im Nachbarland Burundi, das zweite Mal 1993 nach der Ermordung des burundischen Staatspräsidenten Melchior Ndadaye, eines Hutu, wiederum durch Tutsi im benachbarten Burundi begangen. Für die Radikalen unter den Hutu, für die Vertreter einer später so genannten *Hutu-Power* brauchte es da nicht viel, um das Menetekel einer drohenden Tutsi-Diktatur zu zeichnen. 1972 war 1993 wieder präsent und beide Daten erfuhren ihre tägliche Veranschaulichung durch den seit Oktober 1990 im Norden des kleinen Landes von der Tutsi-Rebellenarmee FPR geführten Krieg und das dadurch bewirkte Flüchtlingselend.

Natürlich fehlte auch die ideologische Begleitung nicht. Was noch 1957, als das »Manifest der Hutu« veröffentlicht wurde, als dringender Appell für eine Gleichberechtigung der Hutu verstanden werden konnte, war schon im Dezember 1990, drei Monate nach Kriegsbeginn, in der Formulierung der »Zehn Gebote des Hutu« ein Dokument des Hasses und der Ausgrenzung der Tutsi. Die Rede des MRND-Politikers Léon Muguesera, die dieser im November 1992 im Norden Ruandas nicht weit von der Frontlinie entfernt vor einer großen Zuhörerschaft hielt, forderte dann, zum Nutzen des künftigen Ruanda, unmittelbar zur Vernichtung auf, und zwar nicht nur der FPR-Invasoren, sondern auch der inländischen *Inyenzi* – erstmals wurde der Begriff in einer großen Öffentlichkeit auf die ruandischen Tutsi gemünzt – und ihrer Hutu-Sympathisanten aus den anderen Parteien, die er ebenfalls als *Inyenzi* bezeichnete. Seine Rede kulminierte in der Handlungsanweisung, die ganz unzweideutig auch schon mit einem Hinweis auf das zu verwendende Werkzeug versehen war: »Ihr müsst wissen, dass derjenige, dessen Kopf ihr nicht abschlagt, es sein wird, der euren Kopf abschlägt.« Und das Radio RTLM schließlich war es, das diesen Mordaufruf ein Jahr später zum Programm erhob. Ideologiegefärbte Kaskaden für den »Kampf zur Verteidigung der Republik« dienten der Einstimmung, und Denunziationen, deren Metaphern durchweg dem Tierreich entnommen wurden, rundeten es ab. Eine historische Unterdrückungserfahrung und eine Reihe von Gewalttaten hatten sich in eine Vernichtungsrhetorik übersetzt, die Schuld generalisierte. Insofern gab es auch in Ruanda einen »autokatalytischen Prozess«, im Unterschied zum NS-Deutschland war er aber durch konkrete, objektiv beglaubigte Beispiele zumindest partiell belegbar. Wenn er auch in der Anti-Tutsi-Ideologie entfesselte Formen annahm und darin mit dem Antisemitismus des Holocaust gleichzusetzen ist, eine reine Ausgeburt böswilliger Phantasie war er nicht.

Daraus ergibt sich noch ein weiterer Unterschied. Der Massenmord an den Juden begann mit dem Beginn des Krieges gegen Polen im September 1939 und in noch stärkerem Maß im Juni 1941, nachdem die Wehrmacht in die Sowjetunion eingefallen war. Beide Kriege waren Angriffskriege, nicht im Entferntesten ist für sie ein objektiv vorwerfbares jüdisches Verhalten ursächlich gewesen. In Ruanda hingegen herrschte seit Oktober 1990 Krieg, der von einer zum allergrößten Teil aus Tutsi bestehenden Rebellenarmee begonnen worden war. In den Jahren bis zum Völkermord wurde die Rebellenarmee stärker und erfolgreicher, so dass am Abend des 6. April 1994, nach dem Abschuss des Präsidentenflugzeugs, so gut wie niemand daran zweifelte, dass es der FPR durch ihre Infiltrationstaktik gelungen war, das Flugzeug mit Raketen abzuschießen. Zum Krieg kam jetzt noch die Ermordung des Staatspräsidenten hinzu, der Personifizierung der Hutu-Identität des Landes und Begründer der Einheitspartei MRND, der bis 1991, bis zur Zulassung eines Mehrparteiensystems, jeder Ruander, jede Ruanderin von Geburt an angehören musste. Wenn ein diabolischer Geist das Land in den Abgrund hätte stoßen wollen, hätte er *genau so* vorgehen müssen, könnte man meinen. Prompt gingen die solcherart Angegriffenen oder sich angegriffen Fühlenden ihrerseits zum Angriff über, beseitigten zunächst die moderaten Kräfte und führten einen Krieg in der Weise, die sie kannten, wegen der Bedrohlichkeit des Angriffs jedoch mit noch rücksichtsloserer Entschlossenheit und totalen Vernichtungszielen.

Zugegeben, man kann Letzteres, und mit bedenkenswerten Gründen, auch anders sehen. So kann man, ungeachtet der entsprechenden Judikatur des Internationalen Strafgerichtshofs in Arusha, der Meinung sein, dass das Ziel einer vollständigen Vernichtung der Tutsi schon vor dem Abschuss des Präsidentenflugzeugs bestanden habe, allerdings nicht, wie aus dem Umfeld der offiziellen Politik in Ruanda viele behaupten, schon seit Ende der 1950er Jahre, als sich in Vertreibung und Rachemorden an Tutsi genozidales Denken geäußert haben soll, sondern erst nach Beginn des Krieges im Oktober 1990. Aus dieser Zeit existieren eine Reihe von Aussagen und Initiativen, die sich als Vorbereitung des Völkermords verstehen lassen, wie zum Beispiel die Organisation einer Selbstverteidigung und die schriller werdenden Beschwörungen des in- und ausländischen Tutsi-Feindes bis hin zur Ankündigung einer drohenden Apokalypse. Ich habe Zweifel, ob sie wirklich als Beleg für eine Planung des Völkermords herangezogen werden können oder ob sie nicht vielmehr im Licht des späteren Geschehens ein planmäßiges Vorgehen suggerieren, das es nicht gegeben hat. Vernichtungsdrohungen gegen Angreifer und ihre Komplizen sind in der Kriegs- und Massengewaltgeschichte keine Seltenheit. Doch kann dies hier letztlich dahinstehen, denn auch, wenn man der Annahme einer bereits 1990 einsetzenden Völkermordvorbereitung zuneigt – die These einer noch wesentlich früher beginnenden Völkermordplanung lasse ich unberücksichtigt, weil sie erkennbar der Zementierung eines Opferstatus verpflichtet ist und spätere gegenläufige Entwicklungen ignoriert –, wird man den aktiven Part der FPR bei der Zuspitzung des Konflikts und dem Scheitern der Friedensverhandlungen von Arusha sehen müssen, und eben darin liegt ja der erwähnte weitere Unterschied zwischen dem Holocaust und dem ruandischen Völkermord.

Die Weigerung, nach dem Warum zu fragen, verschließt sich dieser Einsicht. Dass diese Weigerung stark und in der jeweiligen Leidensgeschichte gut begründet sein kann, haben wir am Beispiel des Gesprächs zwischen Esther Mujawayo, Simone Veil und Souâd Belhaddad gesehen. Sie generiert eine eigene Wahrheit, die sich schnell als apodiktisch ausnimmt. Wenn extreme Leiderfahrung mit der sie verursachenden Zeitgeschichte verknüpft wird, entsteht ein analytisches Amalgam, das Widerspruch nur schwer zulässt. Erst recht, wenn diese Leidgeschichte mit dem Holocaust als der ultimativen Form einer Leidgeschichte in Verbindung gebracht wird. Zweifel am heuristischen Wert der Darstellung werden als Zweifel an der eigenen Leiderfahrung gedeutet, die Darstellung wird unantastbar. Und vor allem: Die »gute Rolle«, die das Opfer sich über seine Erinnerung zuschreibt, lässt sich erfolgreich für andere Zwecke nutzen. Für den auf Opferaussagen basierenden Bericht eines Dritten zum Beispiel, in dem gewöhnlich der zum Begriffshof des Völkermords gehörende Holocaust seinen Platz hat, oder für die rigorose Abwehr von ausländischer Kritik seitens eines Regimes, das sich auf eine kollektive Opferidentität infolge genozidaler Gewalterfahrung zu berufen weiß.

Ebendieses Wissen und mehr noch: dessen erwartete Rezeption setzen jedoch Erinnerung voraus, die als Erinnerung an vergangenes Unheil bekanntlich zwei Seiten hat, nämlich die der Erinnerung und die der Prävention. Auf Ruanda übertragen bedeutet das, dass, genährt und gefördert durch die Kraft der Erinnerung, künftig zwischen den Bevölkerungsgruppen kein Hass mehr entsteht, der das Töten des Anderen zu einem probaten und akzeptierten Mittel macht. Das »nie wieder« soll in Ruanda Wirklichkeit werden.

Das ist für Ruanda eine sehr problematische Erwartung. Das Lernen aus der Geschichte ist kein additiver Prozess, der irgendwann in eine andere, friedliche Qualität umschlägt. Ein Zuwachs an Wissen macht nicht automatisch einen besseren Menschen. Dass das Töten von Menschen mit Macheten, nägelgespickten Keulen oder Schusswaffen etwas ist, das man nicht tut, weiß jeder Ruander. Er weiß auch, dass Menschen nicht zu Tode gequält und Frauen nicht vergewaltigt werden dürfen. Das wird er nicht erst durch einen Gedenkstättenbesuch erfahren. Aber er weiß aus Erfahrung, dass es Situationen geben kann, in denen genau dies geschieht. Und dass sich das Geschehene so oder so ähnlich wiederholen kann.

Wie also kann überhaupt die pädagogisch erwünschte, präventive Wirkung erreicht werden? Indem beim Besucher etwas hervorgerufen wird, für das der Begriff »Betroffenheit« geeignet erscheint. Betroffenheit über die Abgründe menschlichen Handelns, über die Zerstörung von Menschenleben und die Vernichtung individueller Zukunft, über das Leid, das anderen zugefügt wurde, und vielleicht über das Leid, das andere – die Täter – sich selbst zugefügt haben, als sie ihren Führern gefolgt waren. Statt Betroffenheit kann auch Mitgefühl oder Scham gesagt werden. Mitgefühl für die Opfer und Scham über das eigene moralische Versagen.

Allerdings: Ob nun Mitgefühl, Scham oder die allgemeinere Betroffenheit – als in der Entstehung zunächst affektive Zustände sind sie anfällig für Korrekturen oder Neutralisierung. Gibt es Kriterien, die das eigene Verhalten zu erklären vermögen, die vielleicht sogar auf eigene Leiderfahrungen verweisen, wirken sie wie eine Gegenkraft zur Anerkennung eigenen verbrecherischen Verhaltens oder fremden Leids. Beides wird verdrängt und verleugnet. Aus dem affektiven Zustand wird ein dauerhafter, und das mit umso größerer Wahrscheinlichkeit, je politisch tabubehafteter Aspekte von Täterschicksalen sind und bleiben. Noch einmal auf Ruanda

8. Über den Versuch, eine Deutungsautorität herzustellen

übertragen heißt das: Die Nicht-Thematisierung von Krieg, Vertreibung und Flüchtlingslagern als Vor- und Nebengeschichte des Völkermords und die – wenn überhaupt – nur beiläufige Erwähnung anderer Opfer während des Völkermords, führen auf Seiten der Hutu (immerhin noch etwa achtzig Prozent der Bevölkerung im heutigen Ruanda) zu einem ausgeprägten, oft demonstrativen Desinteresse an Gedenkstätten. Wie Überlebende, die Gedenkstätten meiden, weil sie aus eigener Erfahrung »Bescheid wissen«, meiden auch sie die Gedenkstätten aus denselben Gründen, jedoch mit dem Unterschied, dass das, was sie zu wissen glauben, sich gerade nicht in den Gedenkstätten findet. Die Schwelle zur kognitiven Einsicht in das von ihnen geduldete, geförderte oder begangene Unrecht werden sie auf diese Weise nur sehr schwer überschreiten. Das »nie wieder« bleibt vorerst nur eine Parole.

Der Preis, der für diese Politik zu entrichten ist, ist die Existenz eines massiven staatlichen Repressionssystems. Die Menschen werden durch einen immensen Druck auf die offizielle Wahrheit verpflichtet. Und das derart auf die Wahrheit verpflichtete Kollektiv ist alles, das Individuum ist nichts. Wahrheit ist nicht das, was individuell und kollektiv erlebt wurde, Wahrheit ist vielmehr das, was von oben, vom Staat, vorgegeben wird. Wer diese Wahrheit nicht akzeptiert, wird aus der ruandischen Gesellschaft ausgeschlossen. Er ist ein Feind des Landes.

9. Wie viel Unrecht verträgt der Fortschritt?

Ruanda gilt, was Fragen der Entwicklung betrifft, als ein Erfolgsmodell. Der Kampf gegen Armut zeitigt schon seit Jahren Erfolge. Die wirtschaftliche Leistung steigt seit Jahren, das Pro-Kopf-Einkommen ebenfalls. Infrastruktur, Bildungswesen und Gesundheitsversorgung sind verbessert worden, eine Krankenversicherung und Altersversorgung eingeführt. Die Offensive, das Land flächendeckend an die Informationstechnologie anzuschließen, dauert ungebrochen an. Ruanda als das Singapur Afrikas, als internationales Dienstleistungszentrum für den Kontinent, zumindest aber für die Region der Großen Seen, lautet das ambitionierte Fernziel. Bereits jetzt finden in beinahe monatlichem Wechsel Tagungen im neuen Konferenzzentrum von Kigali statt, in allen größeren Städten sprießen Hotels buchstäblich wie Pilze aus dem Boden, Restaurants – auch solche gehobener Art – sind kaum noch zu zählen. Der Tourismus, einschließlich seiner luxuriösen Variante der Safari zu den Gorillas oder in einer Urwald-Lodge, floriert. Allerorten entstehen neue Arbeitsplätze.

Präsident und Regierung kümmern sich, und die Entwicklungshilfe aus dem Ausland, die das Land erhält, wird effizient eingesetzt. Darum fließt sie so großzügig nach Kigali und sichert dadurch dem ganzen Land ein Alleinstellungsmerkmal über die Region hinaus. Ob Staatspräsident Paul Kagame nun zu Recht als neuer afrikanischer Führer bezeichnet und sein Regime mit Superlativen bedacht wird – der Fortschritt jedenfalls kommt den Menschen Ruandas zugute, weil er ihr Leben besser, sicherer, länger und angenehmer machen kann. Wenn Kampagnen gegen Malaria erfolgreich geführt werden, retten sie Menschenleben, Bildung fördert das reflektierte Verhältnis zu sich selbst, zu anderen und zur Umwelt, Infrastrukturverbesserungen tragen bei zur Mehrung des allgemeinen Wohlstands. Ohne Übertreibung kann man sagen, dass die Führung des neuen Ruanda eingetreten ist in einen Prozess, der das Versprechen aus der Präambel zur ruandischen Verfassung einzulösen versucht, nämlich (Absatz 11) »entschlossen, zur Entwicklung menschlicher Ressourcen beizutragen, Unwissenheit zu bekämpfen, technologischen Fortschritt und soziale Wohlfahrt für die Menschen in Ruanda zu fördern«.

Kann es angesichts dieser eindrucksvollen Bilanz tatsächlich noch Kritikpunkte geben, die ein solches Gewicht haben, dass sie diese Bilanz in einem anderen, nun bei weitem nicht so strahlendem Licht erscheinen lassen? Die Antwort hängt davon ab, welchen Stellenwert man dem Recht, namentlich dem Völkerrecht mit seinen menschenrechtlichen Mindeststandards, zuzumessen bereit ist. Und wie man das Verhältnis von Demokratie und Entwicklung bewertet, ob also der wirtschaftlichen Entwicklung auch zu Lasten demokratischer Werte Priorität eingeräumt wird in der Erwartung oder Hoffnung, zu einem späteren Zeitpunkt, wenn die Wirtschaft entwickelt ist und die Menschen ein bestimmtes Wohlstandsniveau erreicht haben, bislang Unerwünschtes oder Unterdrücktes zulassen zu können. Oder ob demokratische Werte die wirtschaftliche Entwicklung begleiten sollten, aus der Besorgnis heraus, dass einmal Geopfertes auf lange Sicht verloren ist und eine Gesellschaft entstehen lässt, in der Angst vor dem Staat und zwischenmenschliches Misstrauen an der Tagesordnung sind (und beides zusammen die Entwicklung irgendwann schwächen wird).

Ich halte die letztgenannte Meinung für die richtige, wohl wissend, dass in westlichen Staaten und ihren jeweiligen Öffentlichkeiten eine resolute Parteinahme für das neue

Ruanda die nachhaltige Sensibilität für das von diesem Ruanda begangene Unrecht verhindert. Die Empörung über die Völkermordverbrechen und die Sympathie für deren Opfer lassen keinen Raum mehr für andere Opfer; diese verschwinden, indem sie ignoriert, ihre Zahl heruntergerechnet oder von Formulierungen wie die von den – an westlichen Vorstellungen gemessen – »in Ruanda noch fehlenden demokratischen Strukturen« verdeckt werden. Die Selbstdarstellung des Landes und die Fremdwahrnehmung andernorts finden hier aufs Beste zueinander. Das Unrecht verblasst, so wie es auch dann verblasst, wenn unmittelbar und ohne sich mit der Geschichte Ruandas zu befassen auf Relativierung hingesteuert wird. Einem besonders auf Podiumsdiskussionen beliebten Hinweis zufolge verböten es nämlich der desolate Zustand der Freiheitsrechte und die schlimme Menschenrechtssituation in Nachbarstaaten und anderen Regionen Afrikas, Ruanda als einziges Beispiel heranzuziehen und mit einem Unrechtsurteil zu belegen.

Der Unrechtsbegriff, den ich hier vertrete, ist kein moralischer, sondern ein rechtlicher. Und auf dieser Grundlage geht er davon aus, dass es keinen Staat auf der Welt gibt, in dem Strafgesetze sanktionslos gebrochen werden können. Bei Verstößen gegen diese Gesetze werden Strafverfolgungsbehörden aktiv, und zwar im Idealfall so, dass das Vertrauen der Staatsbevölkerung in die allgemeine Geltung der Rechtsnormen bestätigt wird. Das durch die Straftat erschütterte Zusammenleben ist repariert und ein klein wenig solider geworden.

Davon zu unterscheiden ist die Situation, dass ein Staat sich unwillig bei der Verfolgung aller Straftaten zeigt, weil das entweder den Interessen der Staatsführung entspricht oder diese sich auf angeblich höhere Werte beruft. Täter sind in diesen Fällen zumeist Staatsorgane, die im Staatsauftrag handeln. Der Rechtsbruch wird dadurch jedoch nicht geheilt. Die innerstaatliche Verbotsnorm bleibt bestehen und auch völkerrechtlich ist ein Verstoß zu konstatieren. Der betreffende Staat hat völkerrechtswidrig gehandelt. Sind Drittstaaten unmittelbar betroffen, zum Beispiel weil das Verbrechen auf ihrem Hoheitsgebiet begangen wurde (die Ermordung eines politischen Oppositionellen im Exil ist hier als Variante denkbar), sind sie zudem befugt, nach eigenem Recht eine Strafverfolgung einzuleiten, gegebenenfalls über Interpol die Unterstützung anderer Staaten in Anspruch zu nehmen.

Wieder davon zu unterscheiden ist eine Verletzung von Strafnormen durch einen Staat, die so massiv und/oder systematisch ist, dass sie den Tatbestand von Kriegsverbrechen, Verbrechen gegen die Menschlichkeit oder Völkermord erfüllen. Auch hier mögen die Verbrechen von den innerstaatlich eigentlich zuständigen Instanzen nicht geahndet werden, eine eklatante Verletzung zwingenden Völkerrechts bleibt es gleichwohl. Der betreffende Staat hat verbrecherisch gehandelt, weil er Völkerrechtsverbrechen begangen, gefördert oder geduldet hat. Alle Staaten sind nach dem Weltrechtsprinzip aufgerufen, die dafür Verantwortlichen vor Gericht zu stellen und zu bestrafen beziehungsweise an eine internationale Strafinstanz zu überstellen.

Was bedeutet das auf Ruanda und das mit dem Land in Verbindung zu bringende Unrecht bezogen? Dass es in Ruanda Strafgesetze und eine Strafjustiz gibt, haben wir bereits gesehen und bedarf daher keiner weiteren Erläuterung mehr. Allerdings ist ebenso klar, dass Ruanda tatsächliche oder vermeintliche Oppositionelle im In- und Ausland tötet oder zu töten versuchte. Mehrfach wurden zu diesem Zweck Killerkommandos nach Südafrika geschickt, wo namhafte Oppositionelle Zuflucht gefunden hatten. Außerdem wurden zur Umgehung der seit 2007 bestehenden Aufhebung der Todesstrafe Häftlinge, weil angeblich auf der Flucht befindlich, liquidiert. In Geheimgefängnissen wird gefoltert (eine UN-Kommission musste 2017, konfrontiert mit einer Mauer aus Schweigen und Angst, einen Kontrollbesuch in Ruanda abbrechen, ein erneuter Kontrollbesuch scheiterte 2018, ein Novum in der Geschichte der Kommission), Menschen verschwinden spurlos, zuletzt im Oktober 2018 der Regimegegner Boniface Twagirimana, der aus dem Hochsicherheitsgefängnis Mpanga geflohen sein und sich ins Ausland abgesetzt haben soll, wohingegen Zeugen von seinem Abtransport in einem Gefängnisfahrzeug berichten.

All diese Aktionen wurden und werden trotz überdeutlicher Beweise von staatlicher Seite abgestritten und hatten und haben darum in Ruanda selbst keinerlei strafrechtliche Folgen. Auf die politische Führung des Landes wirft dies ein sehr zweifelhaftes Licht – aber immerhin noch ein zweifelhaftes und keines, das die Führung rundweg in die Ecke des Verbrecherischen stellt. Politisch motivierte Maßnahmen und Mordanschläge werden aus vielen Ländern berichtet. Autoritäre Regime schüchtern so ihre Kritiker ein oder beseitigen sie gleich ganz – man denke nur an den 2006 im Londoner Exil mit radioaktivem Plutonium getöteten ehemaligen KGB-Agenten Alexander Litwinenko oder an den Mordanschlag auf Sergej Skripal vom März 2018 – und selbst dort, wo es weitgehend liberal-demokratische Strukturen gibt, ist der politische Mord gelegentlich ein scheinbar probates Mittel, das jeden Zweck rechtfertigt (so in Israel, das durch seinen Geheimdienst iranische Atomphysiker töten ließ, während in Wien offiziell über das iranische Atomprogramm verhandelt wurde). Die Täter und ihre Hintermänner bleiben gewöhnlich unerkannt, Beschuldigungen werden energisch dementiert, auch insofern unterscheidet sich Ruanda nicht von der Praxis anderer Staaten. Die Morde und sonstige Maßnahmen geschehen einfach und sind daher mangels Aussicht einer erfolgreichen Aufklärung auf der dunklen Seite der Realpolitik zu verbuchen. So dunkel, dass sie den Fortschritt, um den es hier geht, das heißt,

9. Wie viel Unrecht verträgt der Fortschritt?

den wirtschaftlichen Aufschwung, die bessere medizinische Versorgung und das allgemein gestiegene Lebensniveau dauerhaft überschattet, ist diese Seite indes nicht. Von kleineren Momenten der Erregung abgesehen, arrangiert sich die internationale Gemeinschaft erfahrungsgemäß mit ihr.

Bei Völkerrechtsverbrechen ist das anders. Auch wenn nicht täglich in der Politik oder in den Medien anklagend auf Kriegs- oder Menschlichkeitsverbrechen und auch nicht auf mögliche Völkermordverbrechen hingewiesen wird, geht die internationale Gemeinschaft doch nicht einfach zur Tagungsordnung über und vergisst sie. Die Einrichtung der beiden UN-Tribunale und hybrider Gerichte sowie die weltumspannende Initiative zur Schaffung einer internationalen Strafgerichtsbarkeit zeigen dies deutlich. Rückschläge sind natürlich nicht ausgeschlossen, doch im Unterschied zu früheren Zeiten, als massive Regimeverbrechen entweder, je nach Lagerzugehörigkeit im Ost-West-Konflikt, mit Stillschweigen übergangen oder propagandistisch ausgeschlachtet wurden, gibt es heute einen unumstrittenen normativen Maßstab, an dem sich staatliches Handeln messen lässt. Dass noch nicht alle Staaten den Internationalen Strafgerichtshof anerkannt haben, liegt nicht an der Definition von Kriegs-, Menschlichkeits- oder Völkermordverbrechen in seinem Statut, sondern ist lediglich eine Frage politischer Opportunität oder souveränitätsrechtlicher Vorbehalte. An der grundsätzlichen unbedingten Strafwürdigkeit dieser Völkerrechtsverbrechen bestehen keine Zweifel.

Für Ruanda und die ihm zur Last gelegten massiven menschenrechtsverletzenden Militär- und Polizeiaktionen bedeutet das wiederum, dass Letztere sich nicht im milden Licht der Realpolitik auflösen. Sobald sie die Tatschwere eines Kriegs-, Menschlichkeits- oder gar Völkermordverbrechens erreichen (Absatz 31 des UN-Berichts von 2010 zum verbrecherischen Geschehen im Kongo besagt unter anderem: »Daher lassen die augenscheinlich systematischen und ausgedehnten Angriffe, die in diesem Bericht beschrieben werden, eine Reihe von Tatvorwürfen entstehen, die, wenn sie sich vor einem zuständigen Gericht als wahr erweist, als Völkermordverbrechen bezeichnet werden kann«), verlassen sie die nationale Sphäre und werden zu einer Angelegenheit »von internationalem Belang«. Bleibt der eigentlich zur Aufklärung und Ahndung aufgerufene Staat inaktiv, ist es nach dem Weltrechtsprinzip Aufgabe dritter Staaten, Strafverfolgungen einzuleiten beziehungsweise die Durchführung von Strafverfahren vor einer internationalen Gerichtsbarkeit zu ermöglichen. Ein Fortschritt, so vorteilhaft er für die betroffenen Menschen auch sein mag, wird hier nicht als Abmilderung der Verbrechen herangezogen werden können. Zur Verdeutlichung sei auf eine Parallele hingewiesen, die sich aus der Judikatur des Gerichtshofs in Arusha ergibt. Mehrmals mussten sich die Richter dort mit den Einwand des Angeklagten befassen, dass er die ihm vorgeworfenen Verbrechen nicht oder nicht im behaupteten Umfang begangen haben konnte, weil er eigentlich ein guter Mensch sei, sich nie zuvor strafbar gemacht habe und während des Völkermords sogar verfolgte Tutsi beschützt oder gerettet habe. Der Einwand wurde, sofern er nachweislich zutreffend war, berücksichtigt, wenn auch nur sehr zurückhaltend. Er begründete keine Zweifel an der Täterschaft des Angeklagten, sondern wurde als ein Faktor in Erwägung gezogen, der bei der Strafzumessung in Anschlag zu bringen sei. Mit anderen Worten, das Verbrechen des Täters blieb existent und in seiner Schwere unverändert, jedoch konnten dem Täter in Ausnahmefällen mildernde Umstände zugebilligt werden.

Gleichwohl scheint, wenn die westliche Rede auf das heutige Ruanda kommt, nichts ferner zu liegen als der Gedanke, Ruanda könne nicht nur Opfer, sondern auch Täter sein, Täter sogar von Völkermordverbrechen. Stattdessen bestimmt der Fortschritt in seinen diversen Äußerungsformen das

Bild, die Staatsspitze erntet Lob und Ehre statt Missachtung und Bestrafung. Was rechtlich nicht hinnehmbar erscheint, ist es politisch.

Die Leuchtturmfunktion, die Ruanda in der Region zugeschrieben wird, ist hier schon mehrfach erwähnt worden. Denkt man sich vor diesem Hintergrund und in Weiterführung der gedachten Kehrseite des Leuchtturms das weltweite Ausmaß menschengemachter Katastrophen hinzu (aktuell: Afghanistan, Irak, Syrien und Jemen), stellt sich unweigerlich, ob aus moralischer Resignation oder in Bestätigung realpolitischer Gewissheit, die Frage: wo anfangen, wo aufhören? Muss nicht die abwägende Gegenüberstellung von Unrecht und Fortschritt in Ruanda untergehen in der Komplexität und Ambivalenz der Menschheitsgeschichte, die eine unentwirrbare Verkettung von Unrecht und Fortschritt darstellt?

Nein, muss sie nicht. Weder ist das Verhältnis von Unrecht und Fortschritt unentwirrbar, noch ist die Menschheitsgeschichte durchgängig so uneindeutig, dass nicht ein Urteil über Recht und Unrecht möglich wäre. Die Zerstörung von Menschenleben mag von den Verantwortlichen als noch so legitim (und nicht einmal alternativlos) bezeichnet worden sein, immer gab es auch Gegenstimmen, für die das Geschehene moralisch falsch und normativ unrecht war. Und seit der gewohnheitsrechtlichen und/oder vertraglichen Geltung von Menschenrechten, die sich nach dem Zweiten Weltkrieg und danach noch einmal in den 1970er und 1990er Jahren intensivierte, ist die Grenzziehung zwischen Recht und Unrecht, massivem zumal, immer einfacher geworden. Es wäre nicht zu vermessen, von einem Fortschrittsprozess zu sprechen, der sich darin äußert, dass es eine zunehmende Erkenntnis und Beachtung der natürlichen Rechte und Pflichten gibt, die sich insbesondere in der Garantie von natürlichen Rechten auf nationaler und internationaler Ebene niederschlägt. Richtiger, als die Komplexität und

Ambivalenz der Menschheitsgeschichte zu beklagen, wäre es daher, die heutige Hinnahme von fortgesetztem makrokriminellem Unrecht als Akt fehlenden politischen Willens oder Ausdruck opportunistischer Fügsamkeit zu verstehen. Interessen gehen vor Werte, auch wenn diese gerne als überzeitlich und überkulturell bezeichnet werden.

Dann und wann allerdings, und verstärkt seit 2017, als sich die Perspektive einer quasi lebenszeitlichen Präsidentschaft Kagames abzeichnete, wirken Lob und Zustimmung für Ruanda ein wenig gedämpft. Widersprüche zwischen der hochglänzenden Selbstdarstellung und der ernüchternden Realität werden festgestellt, und das zunächst da, wo das Eigeninteresse auf beiden Seiten besonders ausgeprägt ist. Ein auf dem Papier noch so günstiges Investitionsklima zu schaffen, nützt wenig bis gar nichts, wenn die lukrativsten Unternehmungen von einem Firmenkonglomerat dominiert werden, das entweder der herrschenden Partei des Präsidenten (*Crystal Ventures*) oder dem Verteidigungsministerium (*Horizon*) gehört. Auslieferungsersuchen wecken Argwohn, wenn der auszuliefernde Verdächtige mit immer wieder neuen Tatvorwürfen überhäuft wird und die zu diesem Zweck übermittelten Zeugenaussagen wirken, als seien sie tatgenau konstruiert worden (wegen seiner angeblichen Beteiligung am Völkermord verlangte Ruanda etwa 2016 von Deutschland die Auslieferung von Enoch Ruhigira, Kabinettsdirektor des früheren Präsidenten Habyarimana, ein Auslieferungsgesuch, das Deutschland – nach einer trotz allem achtmonatigen Prüfung – ablehnte, da Ruandas Anfrage unübersehbar politisch motiviert gewesen war). Partnerschaften, die eine privilegierte Behandlung in bi- und multilateralen Beziehungen anstreben, kommen nicht zustande, wenn der Eindruck übermächtig ist, andere afrikanische Staaten sind, auch unter dem Gesichtspunkt ihrer Menschenrechtsbilanz, geeignetere Partner (so ist Ruanda zwar Teil der G-20-Initiative *Compact with Africa*, doch gehört es nicht zu den afrikanischen Staaten, mit denen die Bundesregierung 2018 eine Reformpartnerschaft vereinbart hat, mit der erhebliche finanzielle Unterstützung verbunden ist).

Es bleibt abzuwarten, ob sich hier ein grundsätzlicher Wandel in der Wahrnehmung des neuen Ruanda ankündigt. Skepsis ist angebracht. Nicht, weil es in Deutschland und auf Regierungsebene viele Stimmen gibt, die mit Überzeugung behaupten, Kagame nehme die Ruanderinnen und Ruander mit in eine bessere Zukunft. Eher schon, weil Deutschland international eingebunden ist und Partner hat, die hinsichtlich einer Kooperation mit Ruanda zu einer anderen, durchweg positiven Bewertung kommen. Und ganz entschieden, weil der aktuelle politische Zeitgeist autoritären, diktatorischen Regimes eine hohe Akzeptanz verleiht. Wer Erdoğan oder Putin mag, wird Kagame lieben.

Aber wird sich die eiserne Faust, die Ordnung schafft und den Weg weist, nicht einmal wieder lockern und die Hand dann bereit sein für einen Handschlag mit der Bevölkerung? Regimes à la Erdoğan, Putin oder Kagame haben eine besondere Dynamik, die ihnen eigen ist. Stillstand gibt es nicht, jede Aktion ist eine Bestätigung der vorhergehenden, die Regierungszeit ist eine einzige Erfolgsgeschichte. Wie anders ist es zu erklären, dass Kagame bei seinen dritten Präsidentschaftswahlen 2017 (die ursprüngliche verfassungsrechtliche Begrenzung der Amtszeit des Staatspräsidenten auf zwei Mandate war auf Druck Kagames 2015 aufgehoben worden) nach offizieller Auszählung fast 99 Prozent der Stimmen erhielt und dieses Ergebnis von ihm selbst und seinem Umfeld tatsächlich als Ausweis seiner Leistung für die Ruander und für Ruanda gepriesen wurde? Von 6,8 Millionen Wählerinnen und Wähler sollen ihn 6,7 Millionen gewählt haben, das erinnert stark an die jährlich von der ruandischen Einheits- und Versöhnungskommission veröffentlichten Zahlen des »Versöhnungsbarometers«, die mittlerweile ebenfalls nahe bei hundert Prozent liegen. Wer sich beständig im selben Echoraum bewegt, wird irgendwann nur hören, was er hören möchte. Kommen noch Berater hinzu, die nicht von Claqueuren zu unterscheiden sind (in Ruanda nennt man sie *yes-men*), ist der Realitätsverlust unausweichlich, denn kleinste Erschütterungen verlangen immer wieder nach einer eindrucksvollen Bestätigung der für real genommenen Welt.

Nach innen funktioniert diese Form politischer Herrschaft nur, wenn sie mit einer je nach Bedarf dosierbaren Repression einhergeht. Selbstverständlich wird jede Andeutung dieses Begriffs sorgsam vermieden. Das Ganze wird positiv gewendet und *umuganda*, *ingando*, *itorero* oder *imihigo* genannt, nach Einrichtungen aus der ruandischen Geschichte, die alle für Einheit, Nationalstolz, Solidarität, Disziplin und Durchsetzungsfähigkeit stehen (auch Gacaca könnte man dazu zählen). Wer will sich gegen diese Werte aussprechen, den daraus offiziell abgeleiteten Handlungsaufforderungen widersetzen, ohne in den Verdacht zu geraten, den Aufbau des neuen Ruanda sabotieren zu wollen?

Von einigen wenigen Ausnahmen abgesehen, wird das niemand wagen. Zu gefährlich. Lebensgefährlich. Kagame, ein glühender Anhänger des FC Arsenal, kann sich sogar die Laune leisten, den Verein aus London mit geschätzten 34 Millionen Euro für drei Jahre zu sponsern (dafür wird auf den linken Ärmeln der Spielertrikots der Slogan »Visit Rwanda« zu sehen sein), die Zustimmung von Regierung und Parlament ist ihm gewiss. Ein armes Land bekommt nicht Geld, sondern gibt es und hofft auf Rendite. Ein Geheimnis bleibt, wie sich das mit dem Umstand verträgt, dass der ruandische Haushalt zu mindestens dreißig Prozent extern finanziert und das Land auch sonst für nicht absehbare Zeit von Entwicklungshilfe abhängig sein wird.

Einige Indikatoren weisen sogar darauf hin, dass das ruandische Fortschrittsversprechen brüchig wird. In den letzten Jahren wurde immer deutlicher, dass das Wohlstandsversprechen der »Vision 2020« sehr ungleich eingelöst worden war. Während in den Städten und vor allem in der Hauptstadt Kigali das Lebensniveau sichtbar stieg, verbesserte sich das Leben auf dem Land, wo die allermeisten Ruander leben, kaum. Laut UN-Angaben belegte Ruanda 2017 bei der pro Kopf berechneten Verteilung des Bruttoinlandsprodukts Rang 169 (von 189) und die Quote extremer Armut (weniger als 1,90 Dollar pro Tag) betrug, entgegen den offiziellen ruandischen Angaben, immer noch 59,5 Prozent. In den Jahren zuvor mögen die Zahlen noch schlechter gewesen sein, das ändert aber nichts daran, dass der Wohlstandsgegensatz größer geworden und die Armut immer noch erschreckend groß ist. Die vielen Armen sind nach wie vor weit davon entfernt, am Wohlstand zu partizipieren, wie er in den Städten gelebt wird. Deren Bewohner – Angestellte, Beamte, Offiziere und Geschäftsleute – sind die Stützen des Regimes, das wie jedes autokratische Regime dazu neigt, sie in unterschiedlicher Weise mit Privilegien zu bedienen. Damit das funktioniert, lassen Ausgrenzung, Unterdrückung und Überwachung ein Klima entstehen, das lähmt, entmündigt und Angst macht. Und dabei sind Faktoren wie die demographische Entwicklung – Ruanda hat bei einer Bevölkerung von mehr als 13 Millionen mit 2,45 Prozent ein auch für afrikanische Verhältnisse hohes Bevölkerungswachstum – und die bekannten, immer noch ungelösten Probleme im Ostkongo noch gar nicht berücksichtigt.

Sind das schon erste Anzeichen dafür, dass das Maß des Unrechts zu groß geworden ist und den Fortschritt hemmt? Vielleicht, wenn kritische Fragen an das Regime zunehmen und die Kooperation reduziert oder eingestellt wird. Vielleicht aber auch nicht, wenn – wie derzeit bereits der Fall – neue Freunde (China, Türkei) diesen Part übernehmen und den Geldhahn weiter aufdrehen. Dann ginge die Entwicklung aller Voraussicht nach weiter wie bisher. Unrecht und

Fortschritt existierten auch künftig parallel nebeneinander und der Völkermord wäre nach wie vor die Folie, aus der die bei Bedarf passende Legitimation zur gelenkten politischen Gestaltung (vulgo: Repression) herausgelesen würde. Der Beweis für die explosive Unvereinbarkeit von Unrecht und Fortschritt wäre damit allerdings nur auf einen späteren Zeitpunkt verschoben.

10. Schlussbemerkungen

Als Keith B. Richburg, Korrespondent der *Washington Post*, im April 1994 auf einer Brücke über den Kagera-Fluss an der ruandisch-tansanischen Grenze stehend, unter sich eine nicht enden wollende Reihe von Leichen treiben sah, dankte er seinem Schicksal dafür, als Schwarzer nicht in Afrika, sondern in den USA geboren worden zu sein, wohl wissend, was er damit auch über den Sklavenhandel sagte. »Aber zuallererst denke ich: Ich danke Gott, daß mein Vorfahre dort rausgekommen ist, weil ich jetzt keiner von ihnen bin.«

Verglichen damit muss die Situation im neuen Ruanda paradiesisch erscheinen. Doch was heißt das? Im Schatten eines Völkermords scheinen viele Verbrechen klein, erst recht, wenn sie mit realpolitischen Schwergewichten wie »Wiederherstellung von Stabilität« oder »Modellfunktion für das subsaharische Afrika« zusammentreffen. Sie verschwinden nicht, genauso wenig wie sich der beinahe totalitäre Zugriff auf die Bevölkerung in ein Projekt aufmerksamer Fürsorge und Förderung umdeuten lässt.

Eine international beachtete Frauenquote im Parlament besagt nichts, wenn die weiblichen Abgeordneten wie ihre männlichen Kollegen Marionetten an den Fäden präsidialer Macht sind: Als der ruandische Geheimdienst 2017 die Präsidentschaftskandidatin Diane Rwigara in den sozialen Netzwerken mit Nacktfotos zu diskreditieren versuchte, war von den Frauen im Parlament kein Wort des Protests gegen die infame Kampagne zu hören, auch dann nicht, als sie später zusammen mit ihrer Mutter und Schwester inhaftiert und finanziell ruiniert wurde.

Die Verantwortlichen der nationalen Völkermord-Gedenkstätte in Gisozi (Kigali), die in einer Abteilung der Gedenkstätte in Bild und Text auch an die anderen Völkermorde der jüngeren Geschichte erinnert, entfernten von heute auf morgen alle Informationen über den Völkermord an den Armeniern. Zwischen der Raumseite, die dem Holocaust gewidmet ist, und derjenigen, die Wissen über den Völkermord an den Herero und Nama vermitteln möchte, ist jetzt eine leere Wand zu sehen, frisch verputzt und weiß gestrichen. Wieder einmal zeigt sich, dass die Wahrheit angepasst werden kann, wenn es dem (wirtschaftlichen) Vorteil des Regimes dient.

Ruanda ist klein und ökonomisch unbedeutend. Im Ausland im Rahmen von UN-Friedensmissionen aktiv (zusätzlich zu Darfur noch in vier weiteren Ländern mit insgesamt über 6500 Militärbeobachtern, Polizisten und Soldaten), im Inland in zahlreichen Initiativen und beinahe unaufhörlich auf Konferenzen mit der Autorität einer Nation, die eine fürchterliche Katastrophe gemeistert hat, die Ideale von Frieden, Gleichberechtigung, Transparenz, Eigenverantwortlichkeit bis hin zu den Zielen des humanitären Völkerrechts propagierend, lädt es geradezu dazu ein, am eigenen Wort gemessen zu werden. Das ist auf den vorangegangenen Seiten dieses Buches ausführlich geschehen. Das Regime gibt und das Regime nimmt. Wer heute in der Nomenklatura weit oben steht, fällt morgen tief und muss um sein Leben fürchten. Häftlinge, die in fragwürdigen Verfahren zu langen Haftstrafen verurteilt wurden, werden plötzlich auf freien Fuß gesetzt; der Staat hat seine Instrumente gezeigt und weiß, dass die Botschaft verstanden worden ist. Auf Schuld oder Unschuld kommt es nicht an.

Aber was ist eigentlich, werden Sie sich am Ende Ihrer Lektüre jetzt wahrscheinlich fragen, mit dem Abschuss des Präsidentenflugzeugs am Abend des 6. April 1994, dem Ereignis, das den Völkermord auslöste? Wer auch immer für den Abschuss verantwortlich ist, er wusste, dass ein bis dahin nicht dagewesener Gewaltausbruch die Folge sein würde. Wer also war es? Waren es extremistische Hutu, denen der Staatspräsident zu viele Konzessionen an die erstarkende Rebellenbewegung machte? Fünfzig Prozent der Offiziersposten in Armee und Polizei für Tutsi, vierzig Prozent bei den Unteroffiziers- und Mannschaftsdienstgraden, ähnliche Quoten für die Justiz und Verwaltung – würde das so umgesetzt, wäre es die Apokalypse, wie einer der geistigen Väter der Hutu-Extremisten meinte. Sind also diese Kräfte für den Abschuss verantwortlich? Oder ist es Kagame, der den Befehl zum Abschuss gegeben hat, wissend oder als sehr wahrscheinlich annehmend, wie die Bevölkerungsmehrheit der Hutu nach mehr als drei Jahren Bürgerkrieg auf den Mord an ihrem Präsidenten reagieren würde? Die FPR befand sich in einer Position militärischer Überlegenheit. Teile Nordruandas waren besetzt, die Armee des Gegners war demoralisiert, die eigenen Armee hingegen diszipliniert und schlagkräftig. Was könnte da näher liegen, als ein massives Wiederaufflammen des Krieges zu provozieren, um die Macht vollständig zu ergreifen?

Viele Fragen und immer noch keine eindeutige Antwort. Bis heute ist nicht klar, wer das Flugzeug abgeschossen hat. Dass ein ruandischer Untersuchungsbericht zu dem Ergebnis gekommen ist, extremistische Hutu seien die Täter, wird nicht verwundern. Gewichtiger ist da schon das Ergebnis eines französischen Untersuchungsberichts, der ebenfalls Hutu-Extremisten verantwortlich macht. Zwei französische Untersuchungsrichter (die wegen der getöteten französischen Besatzung mit der Angelegenheit betraut wurden) haben in Ruanda mit Unterstützung ruandischer Behörden recherchiert und in Europa ein ballistisches Gutachten erstellen lassen. Demnach seien die Raketen von einer Stelle aus abgeschossen worden, die sich im April 1994 unter der Kontrolle der Regierungsarmee und nicht der Rebellen befand. Extremistische Hutu wären dann die Täter gewesen.

Diesem Befund stehen Zeugenaussagen ehemaliger FPR-Kämpfer gegenüber, die entweder gehört haben wollen, wie Kagame den Befehl zum Abschuss des Flugzeugs erteilt haben soll, oder die behaupten, die Raketen auf Befehl der FPR-Führung zum Abschussort transportiert zu haben und Augenzeugen von deren Abschuss gewesen zu sein. Auch sollen die beiden Raketenwerfer über Uganda in die Hände der FPR geraten sein, die sie in die Nähe des Flughafens von Kigali transportiert habe, an einen Ort, der nicht identisch ist mit dem im französischen Untersuchungsbericht identifizierten. Ein im Auftrag des Internationalen Strafgerichtshofs in Arusha erstellter Bericht, der bis heute hinter den Kulissen zirkuliert, weist überdies zweifelsfrei die Täterschaft für den Abschuss der FPR zu.

Am 21. Dezember 2018 haben die französischen Untersuchungsrichter das Verfahren eingestellt. In ihrem Beschluss gehen sie weniger auf das ballistische Gutachten ein als auf die zahlreichen Punkte, die zulasten der FPR vorgebracht worden sind. Sie kommen zu dem Schluss, dass die Beweise nicht ausreichen, um das Verfahren vor ein französisches Schwurgericht zu bringen. Zu widersprüchlich seien die Zeugenaussagen, Teile der Untersuchung erkennbar manipuliert worden und Behauptungen nach dem gegenwärtigen Sachstand nicht überprüfbar. Mit anderen Worten, den Abschuss des Präsidentenflugzeugs umgibt bis heute ein Gewirr aus Wahrheit und Lügen, aus dem kein verlässlicher Weg herauszuführen scheint, es sei denn, neue Beweise tauchten auf. Die aber wird es, da sich Verdächtige nicht selbst belasten müssen und das Regime in Kigali alle Anschuldigungen en bloc abstreitet oder ignoriert, in absehbarer Zeit nicht geben.

Man mag die Entscheidung der Untersuchungsrichter bedauern und, da auf Empfehlung der Staatsanwaltschaft erfolgt, als einen weiteren Versuch Frankreichs verbuchen, die lange Zeit angespannten Beziehungen zu Ruanda zu normalisieren. Als am 14. Februar 2005 der libanesische Präsident Rafik al-Hariri und 22 weitere Personen durch eine Autobombe getötet wurden, setzte die UNO umgehend eine Untersuchungskommission ein, der später sogar ein internationales Tribunal, das Sondertribunal für den Libanon, folgte, das zur Aufgabe hat, die Täter des Anschlags zur Verantwortung zu ziehen. Für Ruanda hat man auf eine solche Lösung verzichtet, obwohl die Folgen dort weit gravierender waren.

Schade, denn mit der Autorität des UN-Sicherheitsrats wäre es vielleicht gelungen, der Wahrheit näher zu kommen. Denn eines ist sicher, ein Unfall war es nicht und einen Haupttäter, einen Hintermann, bei dem die Fäden zusammenliefen, muss es gegeben haben. Somit bleiben nur Spekulationen, die sich zu ihrer jeweiligen Konsolidierung auch auf den Umgang Ruandas mit dem Völkermord in den vergangenen 25 Jahre berufen.

Literaturhinweise

le Carré, John, Geheime Melodie, Berlin 2006.

Die Rede Leon Mugeseras vom 22. November 1992 ist hier in Übersetzung nachzulesen: https://faculty.polisci.wisc.edu/sstraus/wp-content/uploads/2015/03/22-Nov-1992-Rwanda.pdf

Hankel, Gerd, Ruanda. Leben und Neuaufbau nach dem Völkermord. Wie Geschichte gemacht und zur offiziellen Wahrheit wird, Springe 2016.

Longerich, Peter, »Davon haben wir nichts gewusst!«. Die Deutschen und die Judenverfolgung 1933–1945, München 2006.

Mujawayo, Esther/Belhaddad, Souâd, SurVivantes. Rwanda, dix ans après le génocide, La Tour d'Aigues 2004. Das Gespräch mit Simone Veil ist nur in der französischen Ausgabe enthalten.

Sartre, Jean-Paul, Überlegungen zur Judenfrage, Reinbek bei Hamburg 1994.

https://www.cnlg.gov.rw/fileadmin/templates/documents/rapport-ballist-attentat-contre-habyarimana-6-4-19-copie-1.pdf (ballistisches Gutachten der französischen Untersuchungsrichter Nathalie Poux und Marc Trévidic vom Januar 2012, in französischer Sprache). https://blogs.mediapart.fr/fatimad/blog/060119/attentat-contre-l-avion-presidentiel-au-rwanda-ordonnance-de-non-lieu (Kommentar von Filip Reyntjens zum Einstellungsbeschluss der französischen Untersuchungsrichter Nathalie Poux und Jean-Marc Herbaut vom 21. Dezember 2018, in französischer Sprache).

https://www.hrw.org/world-report/2018/country-chapters/rwanda (Länderbericht zu Ruanda von Human Rights Watch).

Über den Autor

Gerd Hankel, Dr. jur., Dipl.-Übersetzer, Jahrgang 1957, studierte an den Universitäten Mainz, Granada und Bremen. Seit 1993 ist er freier Mitarbeiter des Hamburger Instituts für Sozialforschung, seit 1998 wissenschaftlicher Angestellter der Hamburger Stiftung zur Förderung von Wissenschaft und Kultur. Er ist Autor zahlreicher Beiträge zum humanitären Völkerrecht, zum Völkerstrafrecht und zum Völkermord in Ruanda, dessen juristische Aufarbeitung er seit 2002 untersucht. Zuletzt erschien von ihm bei zu Klampen »Ruanda. Leben und Neuaufbau nach dem Völkermord. Wie Geschichte gemacht und zur offiziellen Wahrheit wird« (2016).

Gerd Hankel bei zu**Klampen!**

Ruanda
Leben und Neuaufbau nach dem Völkermord
Wie Geschichte gemacht und zur offiziellen Wahrheit wird

487 Seiten, 13,8 x 21,5 cm
Hardcover mit Schutzumschlag
ISBN 978-3-86674-539-7

Die umfangreiche und ernüchternde Studie über die Aufarbeitung des Völkermords: Über fast fünfzehn Jahre hinweg hat Gerd Hankel Ruanda und dessen Nachbarland, die Demokratische Republik Kongo, immer wieder besucht und musste feststellen, dass der Völkermord zu einem politischen Instrument geworden ist, das der Absicherung von Herrschaft dient. Nicht um Aufarbeitung und Versöhnung geht es, sondern um die Durchsetzung eines Geschichtsbildes, das keinen Widerspruch duldet. Hinter dem Vorzeigestaat in Zentralafrika, der gemeinhin als Leuchtturm der Entwicklung in der Region und als Vorbild der Vergangenheitsaufarbeitung gilt, verbirgt sich ein totalitäres Regime. Wie passt das zusammen? Wie viel Unrecht verträgt der Fortschritt?

»Ein Buch, das zur Pflichtlektüre werden müsste für alle Geldgeber Ruandas.« *SWR2*

»Eine wahrlich beunruhigende, verstörende, immens wichtige Untersuchung.« *Buecherschau.at*